KB107996

중년이 묻고 심리학이 답하다

나이 들수록 더 행복해지는 법

김희수 지음

버튼북스

머지않아 중년이 되는
그리고 지금 중년을 살아내고 있는
아름다운 친구들에게

차례

프롤로그

중년의 자화상

중 2때였다. 나는 연극배우가 되고 싶었다. 연극이 너무 좋았다. 그러나 연극배우를 하기에 나는 끼도 별로 없었고 부모님의 뜻을 꺾을 의지도 부족했다. 그래서 그 다음 선택한 꿈이 시인이었다. 고등학교 3년 내내 나는 시인을 꿈꾸었다. 결국 나는 국문학과에 진학했고, 문학과 예술은 지금도 언제나 나를 설레게 한다.

대학교 4학년이 된 나는 시인이 될 자신도 없었고, 당장 시로 먹고 살 수 없다는 것도 알아서 현실적인 직업을 열심히 찾아보았다. 나는 교직을 이수하고 국어 교사로 4년간 재직했다. 교사로 지내면서, 나는 학생들에게 문학을 가르치고 내가 좋아하는 영화 이야기를 들려주면서 즐거운 나날을 보냈다. 그러나 가르치는 일 외의 교사로서 해야 하는 행정 업무는 나를 지치게 했다.

스물여섯에 결혼을 했고, 스물일곱에 출산을 앞두고 나는 많은 고민을 했다. 산후 휴가 기간 동안 나는 앞으로 어떻게 살지에 관해 생각이 많았다. 그리고 나는 아이를 키우는 동안 대학원을 다니면서 상담 전문가로 전업을 하였다. 5월 말에 출산하고, 6월 중순에 대학원 입학시험을 보았던 날이 떠오른다. 여름에 내복까지 입고 외출을 시도해서 나는 심리학 바닥에 입문했다. 그리고 두 아이를 낳으면서, 박사까지 쉬지 않고 공부를 했다. 상담 실장으로 일하면서, 아이를 키우고 박사학위를 해냈던 그 7년 동안 나는 매일이 전쟁이었다.

나는 왜 여러 가지 일을 동시에 했을까. 나는 왜 엄마로 집중하거나 일에 집중하거나 하기보다, 두 가지를 동시에 선택하여 스스로 고생을 자처했을까. 그리고 문학과 예술을 그토록 좋아하던 나는 어디로 갔을까. 그런 나의 선택은 내 나름의 삶의 사연을 담고 있다. 내 사연을 심리학을 공부한 사람으로서, 심리학적으로 설명하고 싶었다. 물론 나와 나의 내담자들, 지인들의 사연까지 함께 서술되어 있다. 상담심리를 가르치는 교수인 내가 이론서가 아닌 에세이 형식의 글을 쓰는 일이 조금 어색하기는 하다. 그러나 우리들이 살아가는 매 순간, 심리학으로 설명할 수 있는 수많은 일들이 발생하고 있다. 그래서 우리가 살아낸 인생을 심리학적으로 해석해보는 것은 좋은 공부이고, 또한 이해하기 쉬운 공부라고 생각한다.

나는 감사하게도 서른넷에 교수가 되었다. 올해로 십오 년째 대학에서 강의를 하고 있다. 그리고 나는 마흔아홉이 되었다. 정확히 중년의 나이이다. 곧 오십이 되는 나이에 나는 우리 중년 여성들이 느끼고 있는 어려움과 그것을 극복해내는 과정에 대해 글을 쓰는 것이 내게도, 나와 비슷한 나이를 살아가는 사람들에게도 도움이 될 수 있을 것이라고 생각한다. 우리는 이미 삶을 꽤나 살아왔고, 앞으로 남은 삶을 위해 공부하기에 딱 좋은 나이에 있다. 책 읽기에 참 좋은 나이이며, 남은 삶을 잘 살기 위해 책 읽기가 딱 필요한 나이이다.

내가 공부를 마치고, 보다 안정된 직장에서 마음이 조금 편안해지려던 서른다섯에 부모님이 불과 몇 달 차이로 세상을 떠나셨다. 부모를 잃은 사연과 그 의미에 대해서는 책 어딘가에 적었다. '부모 잃은 설움과 죽음은 코앞에 있기도 하다'라는 것을 알게 된 그 나이에 나는 내가 가장 하고 싶은 일을 떠올렸다.

그것이 바로 그림 그리기였다. 그림은 새로운 도전이었지만, 연극과 문학을 좋아했던 내가 예술이라는 틀 안에서 삼십 대 중반에 시작하기에 적합했다. 특히 아름다운 색을 만들어보고, 나만의 개성 있는 표현을 해볼 수 있는 그림 그리기는 너무나 매력적인 활동이었다. 처음 그림 그리기를 권유해주신 교수님께 그림을 그리면 내가 너무 행복할 것 같다고 가슴 벅차 말했다. 그림 그리기를 시작한 지도 어느덧 십 년이 지났다. 아직도 나는 초보지만, 그림을 통해서 내 마음을 표현해보는 일이 한결같이 소중하고 감사하다. 한동안은 빨간색만 선택하던 내 그림이 최근에는 훨씬 더 다양한 색깔들로 바뀌고 있다. 그림을 그리면서 내 마음도 평화로워지고 풍부해지고 있다고 믿고 싶다.

중년으로 살아가는 이야기에 심리학적 팁과 그림이 어우러져 좀 더 설득력 있는 책을 만들고 싶었다. 물론 내가 그린 그림은 초보의 수준일 것이다. 나는 심리학자로서도 아직 더 여물어져야 한다는 것을 안다. 그러나 초보인 상태, 덜 성숙한 상태의 나를 담은 이 책이 그 나름으로 가치가 있을 것이라고 믿는다. 내가 더 나이 들어 일흔 살쯤 되었을 때, 더 성숙한 책을 낼 수 있다면 좋겠다. 그리고 그때, 이 책을 쓸 때의 내가 그 이후 어떻게 또 성장했는지 말하고 싶다.

우리는 중년이다. 그리고 처음 맞는 중년이 낯설고 불편하고 힘들 수 있다. 그렇지만, 나는 다시 젊어지고 싶지는 않다. 지금의 나를 받아들이고, 지금을 잘 살고 싶다. 나 지금 이대로도 참 괜찮다고 말하면서 살아내고 싶다.

혹시 요새 기운 빠지고 의기소침해하고 있다면, 나와 같이 호흡해 주셨으면 좋겠다. 우리 손잡고 친구가 되었으면 한다. 나는 여기서 당신을 기다리고 있을 것이다. 우리 같이 위로하면서 아름다운 중년을 맞이하길 바란다.

어느새 마흔아홉
누구나 나이 드는 게
쉽지는 않아

✚ 해가 빗겨가는 시간의 여인

〈해가 빗겨가는 시간의 여인〉은 아직은 여인이고 싶어 여성의 뒤태에 곡선을 강조해서 표현했다. 석양을 온몸으로 의연하게 받고 있지만, 해가 저물어가는 우주의 진리 속에 당혹감이 숨겨지지는 않는다. 내가 봐온 여성 원로 교수님 그룹은 소수지만, 열정적으로 일에 집중하며 노년까지를 달려가신 것 같다. 그분들은 고작 나이 오십에 나이 먹음을 우울로 받아들이는 나를 사춘기 소녀의 치기처럼 여기실 줄도 모르겠다. 그러나 나는 인정받고 싶은 나만 있는 것이 아니다. 사랑하고 싶고 자유롭고도 싶다. 또 다른 나의 재능을 찾아 즐기고 싶기도 하다. 그런 다양한 생각들을 하며 석양을 바라보는 여성을 표현한 것이다.

올해 내 나이 마흔아홉이다. 아홉수에 오십을 코앞에 두고 있고, 폐경의 전조가 나타나고 있다. 매우 규칙적이었던 내 생리주기가 일 년 전부터인가 드디어 불규칙해졌다. 게다가 내 몸이 내 마음대로 안 된다. 원시를 인정하고 싶지 않았지만, 겨우 할 수 있었던 건 다초점 렌즈 안경에 눈을 적응시켰다는 사실이다. 나는 이제 안경 없이는 식당에서 메뉴를 주문하기가 매우 어렵고, 마트에서 장을 보는 것도 너무 힘이 든다. 약의 설명서나 화장품의 설명 문구는 안경을 껴도 볼 수가 없다. 바늘에 실을 꿰는 일도 너무나 노력을 필요로 하는 일이 되었다. 눈뿐이겠는가. 무릎의 통증은 고질이 되었다. 지하철 계단을 내려갈 때마다 짜증이 난다. 급한 건 마음뿐이고, 계단을 뛰어 내려간다는 건 당최 할 수 없는 일이다. 통증이 분명히 나타나기 때문에, 무릎을 아프게 하는 행동은 본능적으로 자제할 수밖에 없다. 더 많이 먹는 것 같지는 않은데, 아랫배는 자꾸만 불러온다. 샤워를 끝내고 거울을 보고 싶지가 않다. 나는 분명 중년을 관통해가고 있다. 한숨이 절로 나온다.

분명한 사실은, 요새 나는 우울을 느끼고 있다는 것이다. 스물세 살 대학교 4학년 때의 내가 얼마나 밝고 건강한 아름다움을 갖고 있었는지, 나는 서른이 넘은 나이에 그때의 사진을 보고서야 알았다. 나는 실컷 사랑을 하고 친구들과 하고 싶은 일들을 실컷 해보는 이십 대의 자유를 만끽하지 못했다. 나는 사회가 요구하는 숙제들을 지나치게 잘 순응하는 삶을 살았던 것 같다.

이십 대에는 결혼을 하고 엄마가 되어야 한다는 문화의 압력을 기꺼이 받아들였다. 그래서 의무처럼 나이에 맞춰 공부했고, 결혼도 했다. 게다가 출산마저도 스물일곱, 스물아홉에 두 번을 치뤄냈고, 마침내 서른네 살에는 교수가 되었다. 부모님에게는 매우 흡족한 딸의 인생이었겠지만, 나는 결혼한 이십 대 중반부터 이후 십 년을 전쟁처럼 살아야 했다. 고3 수험생도 아닌데 나는 그 십 년간 하루 평균 세 시간 정도만 자고 살았던 것 같다. 토할 것만 같은 젊은 날들이었다. 그래서 지금의 내 나이 듦이 서글프다 해도 다시 그때로 되돌아가고 싶지는 않다.

나는 충분히 힘든 젊은 시절을 보냈다. 그러니 지금이 더 좋다고 자위할 이유가 충분히 있다. 그런데 나는 지금의 나를 바라보는 일에 많은 회한이 있다. 물론 결론적으로 나는 다시 태어나도 또다시 치열한 젊은 시절을 보낼 것이고 내 일을 사랑할 것이다. 나의 삶의 방식은 답답하기는 하나, 내가 버리지는 못할 나의 가치가 투영된 것이기 때문이다.

우리는 제 나이에 맞는 대접과 투정을 부리고 살아야 하는 존재다. 에릭슨Erik Erikson은 평생의 발달과제를 이야기했다. 에릭슨은 인간은 각 단계의 특징과 과업을 달성해야 다음 단계로 무사히 넘어갈 수 있다고 설명했다. 여덟 단계로 나누어진 인생주기는 각 단계마다 특유한 발달과제를 갖고 있고, 한 개인의 특징적인 행동 패턴은 이러한 과제 혹은 위기가 궁극적으로 어떻게 해결되었는가에 의해 결정된다고 하였다. 각 단계의 과제는 1단계: 신뢰감 대 불신감(0-1세), 2단계: 자율성 대 의심 및 수치심(1-3세), 3단계: 주도성 대 죄의식(3-5세), 4단계: 근면성 대 열등감

(6-11세), 5단계: 자아 정체감 대 역할혼돈(12-18세), 6단계: 친밀감 대 고립감(18-35세), 7단계: 생산성 대 침체감(35-55세), 8단계: 자아통합 대 절망감(55세 이상)이다. 우리가 주목해야 할 단계는 7단계다. 에릭슨은 우리 중년의 발달과제는 생산성을 확보하는 것이고, 그 과제를 수행하지 못하면 침체기에 빠진다고 설명했다.

아직 중년의 나이는 사회에서 적극적으로 활동하여 생산을 해낼 수 있는 단계이다. 그러나 우리나라에서는 요즘 사십 대에 돌입한 남자들은 수많은 직장들에서 퇴직을 강요당하고, 제2의 직업을 찾아야 하는 불안한 시기에 돌입한다. 여자들은 그런 남편들에 의해 가정의 경제적 위기와 불안을 경험하게 된다.

오십 대 여성들의 생계형 취업은 최근 사회적 이슈이기도 하다. 중년의 여성이 갑자기 가장이 되어 나이 든 남편과 실업자 자식을 돌봐야 하는 현실은 암담하다. 남편이 직장을 잘 지키고 있더라도 대부분의 여성은 시댁과 친정 부모의 노화와 그에 따른 간병을 해야 하고, 자녀들을 지키느라 심신이 소진되고 있는 것이 현실이다.

여성 자신의 몸은 갱년기로 노화를 경험하는데, 사회적 책무는 오히려 막중해진다. 여성의 갱년기 우울은 소수의 한가한 소리가 아니다. 게다가 중년 이전 단계에서 충분히 사랑받고, 단계마다 보상과 쉼을 허락하며 살아온 인생이 아니라면, 참으로 슬픈 중년을 맞게 되는 것이다.

대학원 수업에서 마흔 즈음에서야 대학을 다니고 석사 과정을 거쳐 박사 과정에 들어온 용감한 중년 여성의 사연을 듣게 되었다. 상담 수업에는 자신의 이야기를 하면서 인간을 이해하게 하는 과정이 많다. 이 과정을 통해 자신이 겪은 상처들을 함께 나누며 함께 아파하고 함께 고민하게 된다. 장녀로 태어나 동생들을 결혼시키느라 결혼마저도 형제들 중 가장 마지막으로 했고, 친정의 맏이 역할을 결혼 후에도 계속 하고 있다는 참으로 착하고 책임감이 과하다고 할 만한 그녀의 이야기가 가슴을 저미게 했다. 실컷 투정 한 번 부리지 못하고, 평생을 엄마로 살아온 이의 중년은 아프다. 물론 지금이라도 바람이던 공부를 하며 살 수 있어 행복해하니 참 다행이다.

얼마 전 김광석의 사망 20주기가 지났다. 그는 〈서른 즈음에〉를 아프게 불렀고, 삼십 대 초에 스스로 생을 마감했다. 그가 자신의 콘서트에서 "오십에는 가죽 재킷에 체인을 감고 오토바이로 세계 여행을 하겠다."고 한 적이 있다. 그 콘서트의 실황 테이프를 나는 최근에도 차에서 듣곤 한다. 삼십 대의 정감어린 김광석이 그토록 염원하던 적당히 나이 들어 한 템포 쉬어가고 싶었던 그 나이가 나는 되었다. 내가 사랑하던 김광석의 음악과 그 시절의 젊음을 공유한 내가 젊은 그가 떠난 이 자리에 남아 있다. 나는 나이 오십에 무엇을 해야 할까? 당신은 나이 오십에 무엇을 하고 싶은가?

우리는 우리 이전 세대의 여성처럼 그저 자식을 위해 나머지 삶을 다 희생하는 할머니가 되거나, 아픈 허리를 참아가며 일에 더욱 매진하는 오십 이후의 삶을 보내겠다는 것으로 답을 하지는 않았으면 한다. 그럼 우리는 무엇을 해야 할까, 오십의 나이는 무엇을 해야 가장 적절하단 말인가?

나는 학생들의 좋은 멘토가 될 것이며, 내 두 아이들의 이십 대를 비춰주는 아름다운 조연을 기꺼이 할 준비가 되어 있다. 나는 잔잔히 무대의 한 구석으로 결국은 무대의 뒤편으로 자리를 내어줄 것이다. 그것이 억울하지는 않다. 세상이라는 무대의 배역은 회전되는 것이 좋다. 좋은 자리는 젊은이에게, 좀 덜 빛나는 지리에 있어주는 여유와 너그러움이 내게 많이 생겼으면 좋겠다. 젊은 세대들에게 도움이 되는 그런 사람이 되었으면 좋겠다. 당신은 어떤 사람으로 남고 싶은가?

어떤 사람으로 남든 그래도 조금 아쉬운 것이 있지 않을까? 이제 남은 인생은 좀 더 달라진다면 좋지 않을까? 우리가 세상의 주연일 필요는 없으나, 남은 생에 마지막 불꽃이 튀기를 소망할 권리는 우리에게 있다. 물론 우리는 각자 우리가 할 수 있는 일을 기꺼이 하면서 지낼 것이다. 그런데 말이다. 다른 무엇인가를 하나쯤은 해보라고 권하고 싶다. 그럼에도 불구하고 웅덩이에 물이 채워지듯이 우리들 가슴에는 중년의 나이가 주는 우울함이 저절로 어느 틈엔가 차오르고 있다면 말이다.

중년이 되어 '또 다른 자기 찾기'라는 주제에 대해 나는 내 또래 여성들과 솔직한 대화를 해보고 싶다. 김수연 작가는 드라마에서 '주부 안식년'을 주장한 적이 있다. 그 생각이 이 나이가 되어보니 더욱 공감이 된다. 나는 어떤 새로운 자아를 만나고 싶은 것일까. 아직 해보지 않은 일들을 소망해보고 싶다. 히말라야를 다녀오고 싶다는 매우 낭만적인 계획도 떠올려 본다.

당신은 무엇을 해보고 싶은가? 버킷 리스트는 시한부 인생에게는 오히려 너무 아픈 과제다. 우리, 많지는 않지만, 아직 하고 싶은 것을 할 수 있을 때 버킷 리스트를 작성하고 하나씩 시도해보면 어떨까?

그리고 종래에 나는 박경리 씨나 박완서 씨와 같은 담담하고 어른스러운 노년을 준비하고 싶다. 이 시대의 어른으로 편안하고 신뢰받는 존재로 남고 싶다. 그러나 그것이 정말 내 욕구를 다 충족시키는 것인가, 중년의 나는 나에게 묻는다. 내가 그런 어른이 되는 과정은 어떻게 해야 되는 것일까.

나는 열심히 살면 저절로 삶의 지혜가 생기는 줄 알았다. 그런데 솔직히 나는 앞으로 어떻게 오십 대를 살아가야 할지 확신은 없다. 그래서 가끔 속이 복닥거린다. 오십 대를 맞는 내 또래의 여성들 중 나와 같은 복잡한 심정인 사람도 많을 것 같고, 지나버린 세월이 우울하고 억울한 사람도 많을 것 같다.

그런 내 또래의 사람들과 속마음을 나누고 싶다. 공감하고 서로 위로하고 싶다. 그리고 각자의 답을 찾아 세상에서 새로운 나의 모습으로 살아보자고 다독이고 싶다. 용기를 내보자고 말하고 싶다. 그리고 우리 모두 잘 나이 들어갔으면 좋겠다.

나의 어떤 모습이라도
사랑하고 다독여줄 수 있어야 한다

✤ 기억 - 자궁으로의 회귀

우리 부모님은 내가 서른네 살 교수가 된 것을 보신 다음 해에, 사이 별로 안 좋았던 부부가 마치 사이가 좋았던 양, 같은 해에 돌아가셨다. 이제 부모님이 돌아가신 지 벌써 십사 년이 되었다. 〈기억- 자궁으로의 회귀〉는 부모님의 막내딸로 태어난 내가 경험한 일들이 나를 평생 어떻게 움직이는가에 대한 바로 나의 이야기다. 나는 보이시한 모습을 보이고 있지만, 나는 아기인 나를 품어준 엄마의 자궁이 그리운 아이다. 그리고 사랑받고 싶은 소녀다. 그림 속의 여성은 단단하고 힘 있는 선을 가지고 있다. 그리고 어른의 모습이다. 그러나 동굴 같은 곳에서 생각에 잠겨 있다. 엄마를 그리워하는 아이이기도 하니까.

나는 상담심리 전공의 교수다. 나는 내가 상담하는 내담자를 온 마음으로 이해해보려는 순간을 소중히 여긴다. 나는 학생들에게 무언가 의미 있는 일을 해주는 것을 좋아한다. 내 학생들이 상담가로 자리 잡아가는 과정에 동행하고 싶다. 그 애틋함이 나는 좋고, 학생들도 그 마음을 아는 것 같아 감사하다. 그런데 얼마 전 여러 대학 상담 관련 교수들의 모임에서 내가 안식년도 하지 않고 제자들을 돌보는 모습이 지나치고, 나의 독특한 심리적 역동과 관련이 있을 것이라는 말들이 오고 갔다. 나는 제자들을 돌보는 나의 모습이 그저 좋은 태도라고만 생각해왔었는데, 그 순간 생각이 복잡해졌다.

나는 또 두 아이의 엄마다. 그 아이들이 어른으로 성장하는 과정을 지켜보는 것이 때론 버겁고 답답한 적도 있었으나, 내 자신의 인생보다 더 진지하게 순간순간 함께 아파하며 이십여 년의 시간을 오롯이 다시 살아내었다. 특히 첫아이로 아들을 낳고, 둘째로 임신한 아이가 딸인 걸 알았을 때 나는 내 딸아이의 인생이 내가 살아온 여자의 삶과는 다르기를 수없이 기도했었다. 그렇게 키운 두 아이가 스물을 넘기는 순간 나는 겨우 한숨을 돌리며, 이제 아이들에 대한 걱정에서 벗어날 수 있을 것도 같다는 생각을 하게 되었다. 잘 자라준 아이들의 모습이 너무 대견하고, 나 또한 대견하다. 내 삶 하나 지켜나가기도 벅찬 주제에 두 아이의 엄마를 스물일곱부터 지금까지 과감히 해낸 나의 용기와 노력이 가상하다.

그리고 나는 한 남자의 아내다. 사람을 사랑하는 일은 참으로 감정적인 일인가 보다. 같은 과 선배였던 그는 그림을 그리는 시간이 즐거웠다고 말하며 내 사진을 보고 나를 스케치한 종이를 내밀었다. 그 남자 때문에 한순간 가슴이 따스해져서 그것이 사랑이라고 믿었다. 사람을 만나는 일이, 결혼으로 함께하는 일이 얼마나 많은 노력을 필요로 하며, 노력해도 안 되는 서로의 차이를 확인하는 과정이 얼마나 힘겨운 일인 줄 그 당시엔 잘 몰랐으면서 나는 과감히 결혼을 선택했다.

그리고 결혼의 선택에는 나만의 아픈 비밀이 있다. 나는 평범하고 통통한 내 외모에 대해 열등감이 있었다. 예쁜 둘째언니 덕분에(?) 나는 여자로 사랑받는 일에 대해 자신이 없었다. 고등학생 시절 짝사랑하던 동네 오빠에게 그저 친한 동생으로밖에 대접받지 못한 나의 처절한 첫사랑은 더욱 나를 위축시켰다. 나는 나를 사랑한다고 확실히 말해준 내 남편의 청혼을 어쩌면 안도하면서 받아들였다고 말할 수밖에 없다. 내가 여자로 아내로 그래도 괜찮은 편이라고 결론을 내린 지금의 내가 그때의 나를 생각해보면, 그 당시 나의 연애와 결혼은 내 열등감과 상당히 관련이 있다고 본다.

어쨌든 그래도 나는 남편에게 내가 힘들 때 힘들다고 말했고, 화가 나면 화를 냈다. 그리고 남편의 상황을 받아들일 수밖에 없을 때 맘에 안 들어도 수용하며 이십삼 년을 살아왔다. 어쩌다 가벼운 자동차 접촉사고라도 내면 자연스럽게 남편에게 전화를 한다. 그가 마땅히 나를 도와줄 사람이라는 확신이 당연하게 있어서다. 그런 남자가 있어서 참 다행이긴 하다.

나는 교수로 엄마로 내 남편의 아내로 살게 하는 데 큰 영향을 미친 우리 엄마와 아버지의 막내딸이다. 지금은 두 분 모두 돌아가셨지만, 그 분들에게 사랑받고 인정받고 싶었던 시절이 기억난다. 나에게는 큰언니, 작은언니, 오빠가 있다. 아버지가 작은언니를 더 예뻐하는 것 같아 화를 낸 적도 많았고, 엄마가 오빠만 챙겨서 억울하다는 투정을 입에 달고 살았다. 외아들인 오빠가 나보다 몸이 약하고, 나보다 공부를 잘 하는 것에 늘 질투했다. 나는 왜 아프지도 않을까 하고 내 건강한 체질을 원망했었고, 다음번엔 오빠보다 더 나은 성적표를 가지고 올 거라고 다짐하며 중·고등학교를 다 보냈다. 오빠는 몸도 약했고 친구도 많았고 공부도 밤을 세워가며 하지는 않았지만, 결국 나보다 좋은 대학에 진학해서 나를 기죽였다. 그래도 오빠는 나를 뚱뚱하다거나 밤새 공부한다고 놀리면서도, 어디든 나를 데리고 다녔고 내 친구들에게까지 친절했다.

엄마는 큰아이를 사산하고 이어 두 딸과 아들을 낳았다. 그런데 그 아들인 우리 오빠가 너무 몸이 약했다. 나를 임신했을 때 아버지는 아이 셋만 키우는 것으로 충분하다고 생각해 나를 포기하자고 했었단다. 엄마의 치마에 누가 마패를 던져주는 태몽이 아니었다면 나는 이 세상 빛을 못 볼 뻔했다. 엄마는 내가 출세할 아들의 운을 타고 났다고 확신했고, 그 믿음 덕분에 나는 이 세상에 태어날 수 있었다. 건강한 넷째이

자 셋째 딸로 말이다. 아버지의 실망에도 엄마는 당시 용하다던 작명가에게 이름을 짓고 나를 약한 아들의 남동생처럼 길렀다. 작명가는 재미있게도 내 사주가 매우 좋아서 아들 열 몫을 할 것이라는 덕담을 해주었고, 나는 우리 집안에서 남자의 항렬을 딴 유일한 여자로 자랐다. 김희수의 '수'는 내 대의 항렬이다.

엄마의 소망과 작명가의 덕담으로 나는 씩씩한 인간으로 자랐다. 나는 여자보다는 남자로, 그것도 씩씩한 남자로 자랄 의무가 있었다. 지금도 나는 나를 누르려는 남자와는 경쟁적이 되고, 나를 좋아해주는 남자들과는 우정으로 지낸다. 나를 여자라고 생각하는 사람은 많지 않다. 이건 좀 쓸쓸한 이야기다.

우리 집을 떠올리면 우리 집에는 장녀인 큰언니, 아버지의 딸인 작은언니, 엄마의 아들인 오빠, 할머니의 손녀인 내가 있다는 생각이 든다. 큰언니는 일을 하시는 엄마 대신 집을 돌봐왔다. 외롭게 씩씩하게 자기 역할을 수행한 큰언니는 육십이 되는 지금도 그렇게 장녀로 산다. 내 사랑하는 큰언니, 고마워요.

작은언니는 또 딸로 태어났기 때문에 눈치가 많이 보였을 것 같다. 그래도 작은언니는 딸로 태어났지만, 가장 예쁜 외모로 태어났다. 디자이너로 평생을 언니답게 아름답고 당당하게 살고 있다. 게다가 둘째언니는 애교도 많았다. 작은언니는 아버지 출근길에 혼자 집 밖까지 아버지를 배웅하면서 용돈을 타내곤 했다. 언니의 그런 모습이 나는 무척이나 부러웠다.

하지만 나는 아버지에게 작은언니와 똑같은 애교를 부릴 엄두를 낼 수가 없었다. 그래도 난 아버지를 무서워한 것은 아니었나 보다. 아버지에게 항상 오빠와 똑같이 대해줘야 한다고, 돈이 적으니 더 달라고 당당히 요구했다. 나는 아버지가 좋아하는 나의 모습은 그런 당당한 아이일 것이라고 느꼈었던 것 같다. 그래서 그리 당당히 주장했을 것이다. 그리고 생각해보면 나는 아버지의 사랑을 받긴 했었다. 원치 않았던 아이였다 해도, 막내인 나를 무릎에 앉혔던 기억이 어렴풋이 있고, 내가 결혼하던 날 아버지가 막내딸 시집 보냈다고 친척들과 저녁 식사하며 많이 우셨다는 말을 전해 들었었다. 사랑해주셨으니 아버지 앞에 주눅 들지는 않았었나 보다. 그런데 아쉽기는 하다. 아버지가 조금만 더 사랑을 말로 표현해주셨다면 나는 그렇게까지 열심히 공부하거나 성공하려 들지 않았을 텐데 말이다.

할머니를 떠올리면 그래도 힘이 난다. 할머니는 98세에 돌아가신 건강한 분이셨다. 항상 부지런하고 합리적이셨다. 말씀을 많이 하지는 않으셨지만, 인정이 많아 동네 할머니들과 참 다정히 지내셨다. 고등학생인 나에게 해주신 정성은 지금 생각해도 가슴이 찡하다. 할머니는 엄마 대신 살림을 맡아 하셨다. 큰언니도 시집가고, 작은언니는 직장일로 바쁠 때 오빠와 나의 입시 생활을 지켜주셨다. 식욕 왕성한 우리를 위해 하루 네 끼 식사와 간식을 정말 열심히 챙기셨다. 난 지금도 나를 위해 시장을 뛰어다니시던 할머니의 그때 연세가 칠십 대 중반이었던 게 마음이 아프다. 할머니의 인생의 회한은 직업을 갖고 자신의 이름으로 살아보지 못한 것이었다. 그래서 아버지와 엄마에게 잘 보이려고 시험 때면 밤을 새고 항상 숙제를 하고 나서야 저녁을 먹는 나의 생활 태도를 매우 높게 사주셨던 것 같다. 할머니는 나를 늘 칭찬해주셨고 항상 내 편이 되어주셨다.

내가 대학에 들어가고 신입생 때 선배들이 권하는 술을 마시고 집에 들어가곤 했는데, 작은언니가 할머니에게 내가 술을 마시고 들어왔다고 야단을 쳐야 하지 않느냐고 말을 한 적이 있었다. 그때 할머니가 한 말이 지금도 귀에 선하다. "놔둬라. 희수가 술을 먹으면, 여자도 술을 마셔도 되는 세상이 된 거겠지." 그 이후 작은언니는 할머니와 내 관계에 대해 "졌다"라고 표현했던 것 같다.

난 할머니의 사랑이 참 감사하다. 사랑한다고 말해주신 적은 없지만 할머니는 나를 자랑스러워하셨다. 치매를 앓았던 마지막 이 년 동안 할머니는 입고 계시던 기저귀가 불편하다고 다 찢어버리곤 하셔서 간호사들의 눈총을 받으셨다. 그러나 나는 그런 모습을 돌아가실 때까지 말로만 들었다. 할머니는 내가 요양병원에 가는 날은 언제나 정신이 온전하셨고, "난 네가 크게 될 줄 알았다. 너는 다른 애들과 달랐어."라고 멀쩡히 말씀하셨다. 물론 나는 할머니 말씀처럼 교수가 큰 사람이라고 자만하지는 않는다. 할머니가 칭찬하던 나의 모습은 할머니가 살고 싶었던 그런 삶이었다는 것을 내 나이 서른이 넘은 순간부터는 알 수 있었다. 그래도 할머니의 인정과 칭찬은 나를 신나게 열심히 살게 만들었다. 할머니는 늘 나를 믿어주셨고, 내가 선택한 사람이라고 내 남편도 처음부터 무조건 좋아해주셨다. 할머니의 편애 아닌 편애가 나를 살맛나게 했다. 반면 작은언니는 나와 다른 방식으로 산 죄로 할머니에게 구박을 받기도 했다. 아버지의 사랑을 독차지한 작은언니를 떠올리면 내게 할머니의 존재는 엄청난 빽이었다. 작은언니도 언니 방식으로 정말 열심히 살아왔고, 언니가 노력해서 아버지의 사랑을 받은 것을 인정하는 데 삼십 년쯤 걸린 것 같다. 작은언니도 미안하고 사랑해.

나는 열다섯 살부터 시를 사랑하는 소녀였고 연극에 빠졌었고 그림 보기를 좋아했고 노래 부르기를 좋아했다. 나는 석양의 하늘과 바다를 사랑했다. 나는 강을 보면 십대 때나 지금이나 가슴이 아련해진다. 나는 스무 살부터 산에 오르면 편안했고, 소설이나 드라마를 보면 감정이입이 지나치게 되는 편이다. 나는 가슴 아픈 사연을 담고 사는 사람들을 보면 옛날부터 가슴이 먹먹하다. 이런 나의 모습도 나에게는 매우 많은 부분이다. 하지만 그걸 아는 사람은 많지 않다. 성실하고 노력하는 남자 같은 내가 너무 많이 포장되어서일 게다.

나는 사실 여러 모습을 갖고 있다. 의무와 배려의 어른스러운 내가 있다. 그런 나를 나는 아낀다. 그렇지만 나는 나를 더 많이 사랑해주고 내게만 온통 관심을 가져줄 엄마가 필요했던 아이였고, 지금도 그런 아이인 나를 감싸주는 느낌들이 좋다. 아픈 사람들은 내 아픔을 느끼게 해줘서 저절로 내 친구가 된다. 나는 어른이고 엄마지만 여전히 아이다.

나는 내 내면의 아이가 유치하게 욕심을 낸다고 해서 나를 나무라고 싶지 않다. 바쁜 일상의 한 타임이 끝나고 오랜만에 친구들을 만나면 확 긴장을 풀면서 내가 얼마나 힘들었는지 엄살을 섞어 위로를 강요한다. 때론 더 노골적으로 나를 힘들게 한 사람들을 죽일 놈이라고 말해달라고 떼를 쓴다. 남편에게는 더 자주 그래왔다. 그렇게 유치하고 자기중심적인 아이인 나도 받아들이고 싶다.

가끔 부모님이 그립다. 돌아가신 할머니를 허공에 불러보기도 하고, 엄마에게 투정도 부리고 보고 싶다고 허공에 말한다. 그리고 그분들을 부르며 아직도 가끔은 운다. 그런 내가 두 아이를 키워냈고, 남편을 살폈고, 제자와 내담자도 돌보고 있다.

어린 시절 애쓴 나를 나는 업어주고 싶다. 나를 사랑하는 사람은 이런 유치한 나까지도 이해해주었으면 좋겠다.

당신이 끝내 극복하지 못할
트라우마는 없다

✚ Self

〈self〉는 내가 가지고 있는 여성성의 상처를 딛고 일어나고 싶은 나self를 표현한 것이다. 상처에서 벗어나려고 하나 상처와 분리되지 못하는 내가 상처를 깨치고 나왔을 때, 상처는 남겠지만 나는 일어나 움직일 수 있다.그러한 회복과 성장을 준비하고 있는 나를 표현한 그림이다. 우리가 상처를 입고, 열등감에 싸여 있을 때 우리들의 모습을 뒤에서 보면 이렇게 보일 것이다. 나는 이 그림을 그릴 때, 이 여자가 일어나서 상처와 구분되려면 어떻게 해야 할지 고민해보았다. 이 여인에게 가장 분명한 형태는 손이다. 손에 힘을 쥐고, 그 다음 엉덩이에 힘을 주어야 일어설 수 있을 것이다. 물론 다리에 힘이 있어야 그 다음에 발걸음을 옮겨 상처로부터 벗어날 수 있을 것이다. 나는 먼저 손에 힘을 주어서 상처와 상처에서 생긴 열등감을 극복하겠다는 의지를 다져보았다. 그리고 등을 통해서 의지를 더 극명히 보이도록 하였다.

평생을 함께하고도 우리는 남편 때문에 속이 상한다. 내가 힘들었던 일상을 이야기하면 남편이 무조건 내 편이 되어주었으면 좋겠다. 그런데 남편은 내가 하는 말의 비논리성이나 주관성에 대해 자신의 견해를 길게 말한다. 나는 짜증이 난다. 짜증만 나면 좋은데, 어떤 날은 이런 남자를 남편으로 선택한 나에 대해 속이 상하고 후회가 된다. '나는 역시 남자에게 사랑받을 팔자는 못 되나봐' 하는 생각이 든다. 그가 야속하게 한 일들이 그 다음에는 줄줄이 사탕처럼 떠오른다.

그런데 남편이 그렇게 감정이 아닌 이성으로 이야기하는 것은 내 남편의 집안 가계도와 관련이 있다. 전형적인 경상도에 아들만 셋인 데다 어머니마저도 늘 차분히 사실 위주의 말씀만 하시는 분이니, 내가 감정으로 동조를 호소하여도 그건 내 남편에게는 너무 어색한 일이다. 거기에 남편은 삼형제 중 가운데로 형이나 동생에 비해 눈에 덜 띄는 자식인데다가, 그 둘이 다 우수하게 대학을 가고 현재도 사회에서 두각을 나타내는 편이다. 남편은 개인으로는 부족한 사람은 아니지만, 가족들 안에서는 아무래도 처지는 존재였다. 남편의 지나치게 지적으로 말하는 습관은 그러한 형제들에게서 느낀 열등감의 보상 수단이 아닌가 하는 생각을 하게 된다. 남편이 자신을 그렇다고 인정하는지는 잘 모르겠다.

그러나 남편이 형제 안에서 상처가 있다는 것보다 더 중요한 것은 내 트라우마 때문이다. 생각해보면 나는 여자로서 그리 자신 있었던 사람은 아니었다. 예쁜 둘째언니는 늘 애교와 미모로 아버지의 사랑과 용돈을 나보다 훨씬 더 받았던 것 같다. 친척 어른들은 우리집 세 딸들 중 내

인물이 제일 못하다고 주책없이 이야기하시곤 했다. 고등학교 때 짝사랑하던 동네 오빠에게 그저 친한 동생으로밖에 대접받지 못한 나의 처절한 첫사랑은 나를 여자로서 더욱 위축될 수밖에 없게 만들었다. 나는 나를 사랑한다고 확실히 말해준 내 남편의 청혼을 어쩌면 안도하면서 받아들였다고 말할 수밖에 없다.

나는 대학생 때 너무나 선명한 꿈을 꾼 적이 있었다. 내 첫사랑이 나타나 "너는 여기까지야. 여자로서는 아니야."라고 내게 너무나 차분하게 말했던 것이다. 현실에서는 그토록 잔인하게 말한 사람은 없었다. 그러나 나의 상처는 꿈으로 나타나 나를 지배했고, 그 꿈은 지금도 선명하다. 나는 대학생 때에도 고백 못하는 짝사랑을 한 번 더 했고, 그 나머지 남자들과는 친구로 지냈다. 나는 매우 중성적인 좋은 여자 사람 친구로 살았다. 지금의 나는 내가 여자로 아내로 그래도 괜찮은 편이라고 결론을 내리고 있지만, 이십 대의 나를 생각해보면 그 당시 나의 연애와 결혼은 내 여성성의 트라우마 때문이었다고 고백할 수밖에 없다. 남편과의 싸움에서 내가 팔자타령을 아직도 내 안에서 하고 있다면, 그건 내 트라우마가 아직도 내게 남아 있기 때문일 것이다.

우리는 대부분 트라우마가 있다. 부모가 일찍 돌아가신 것, 외모가 남보다 못한 것, 부모가 너무 과잉보호하며 나의 부족한 점을 들추어낸 것, 부모의 무관심, 더 크게는 환영받지 못한 출생, 성장하며 당한 감추고 싶은 트라우마 등. 우리는 트라우마를 겪으며 지금 살아 남아 있다.

심리학자 아들러Alfred Adler는 인간 병리의 주요인으로 열등감을 들었다. 열등감은 여러 이유로 발생하고, 우리는 열등감을 극복하기 위해 우월해지기 위한 노력을 하고 자신의 목표를 설정하여 추구하면서 살아간다고 하였다. 그러나 열등감이 극복되지 못한 사람은 결국은 사회에 유용하지 못한 인간 유형으로 살아간다. 남에게 의지하면서 살아가거나 남을 지배하거나 세상을 회피하며 살아가는 사람들은 열등감을 극복하지 못한 것이 그 원인이 된다.

당신에게 남아 있는 열등감이 있다면 그것은 무엇인가? 얼굴에 기름을 주입하면서 자신의 각진 얼굴을 가리고 싶어했던 선풍기 아줌마의 슬픈 외모 열등감은 그녀만의 아픔이 아닐 것이다. 여러분들은 자신이 어떻다고 생각하는가? 여성들은 남편의 사회적 지위를 공유해온 역사가 길다. 남성 가부장적 사회제도에서 여성은 유능한 남편의 아내가 되고자 했고, 남자가 원하는 이상적 외모를 가꾸고자 노력할 수밖에 없는 사회적 압력에 시달렸을 것이다. 특히 나보다 나은 외모의 누군가와 자주 비교된다면, 외모 콤플렉스는 습관적으로 자신을 위축되게 만들 수 있다.

또 환영받은 존재가 아니었다는 출생의 비사는 스스로를 존재적으로 위축되게 할 수 있다. 부모님의 방임이나 학대는 무엇인가를 요구하거나 주장할 수 없게 만들었을 수 있다. 그러한 성장과정을 거쳤다면, 우리는 자신이 얼마나 소중하고 충분히 괜찮은 사람인지 알 수 없었을 것이다. 자신을 봐달라고 노력한 순간이 많았고, 그 노력에 충분히 노고를 인정받지 못했다면 당신은 더욱 위축되었을 것이다.

내가 상담한 여대생은 너무나 예쁜 외모를 지녔고, 집안에서 가장 공부를 열심히 한 모범생이었다. 그러나 그녀는 성실한 명문대생임에도 자신이 얼마나 자부심을 가져야 할지 몰랐고, 부모님께 대학원 진학을 의논할 자신이 없어서 진로 선택을 할 수가 없었다. 경제적 곤란과 다른 자식들로 인한 소진 때문에 어머니의 인정을 받을 수 없었던 것이 그녀를 항상 주춤하게 만들었다.

부모가 지나치게 기대하고 요구하는 경우에도 우리는 트라우마를 가지게 된다. 내가 상담한 중년의 전문직 여성은 딸만 둘을 낳은 친정어머니에게서 명문대 진학을 위한 과한 공부 요구에 시달린 청년기의 아픔이 있었다. 그녀는 우수한 대학을 나오고도 '나는 항상 부적절하고 잘해내지 못할 거야'라고 생각하는 수행에 대한 불안을 가졌고, 한 단계 도약할 힘이 부족하여 자신의 능력에 비해 많은 기회를 놓치며 살고 있었다.

아이를 굶기고 쇠몽둥이로 때리면서 공부를 강요하던 어머니를 살해한 아들의 사건을 우리는 아프게 기억해야 한다. 그렇게 성장한 아들은 어머니의 학대와 어머니 살해라는 끔찍한 트라우마를 안고 살아야 한다. 너무나 가슴이 아프다. 그렇게까지 아들에게 과하게 공부를 요구한 어머니는 친정과도 거리를 두고 남편과 별거 상태로 아들과 둘만이 세상과 분리되어 살고 있었다고 한다. 그 어머니를 그토록 아들에게 집착하게 만든 그녀의 성장과정은 어땠을까?

나의 트라우마는 내가 가지고 가야 한다. 내가 어떤 트라우마를 가지고 살아왔는지 당신은 기억해낼 필요가 있다. 친구들과 수다로 풀어왔고, 형제 자매들과 아픔을 공유하면서 그 상처 중에도 용감하게 세상에 살아남아 남들과 꼬임 없이 살고 있다면, 당신은 성공적으로 트라우마를 극복한 것이다. 그러나 모두가 그렇지는 못한 것 같다. 아이들 학교 엄마들과 만나고 돌아오면 머리가 너무 아프고 기분이 상하는 순간, 시댁 동서나 시누이가 한 말에 상처가 되지만 아무 말도 못하고 참고 시댁이 원하는 대로 살아왔건만 끝내 돌아온 것은 공치사는커녕 더 잘해내지 못했다는 비난을 접하는 순간, 우리는 내가 살아온 방식에 대해 후회하고 분노한다.

화가 나는 나를 스스로 수용해야 한다. 당신은 화낼 자유와 권리가 있으니까. 그러나 화를 누구에게 내었는지는 문제가 된다. 내가 화를 내야 할 대상은 내게 어린 시절 트라우마를 남긴 사람일 것이다. 그 트라우마의 대상은 늙은 어머니나 아버지일 수도 있다. 그러니 그 분이 이미 너무 늙으셔서 화를 낼 수 없을 수도 있다. 그렇다고 다른 누군가에게 대신 화내는 것은 잘못된 것이다. 이미 너무 늙으셔서 화를 낼 수 없을 수도 있다. 그래서 나를 이해해줄 누군가, 나를 위로해줄 누군가가 필요한 것이다.

그리고 당신이 아직도 마음에 미움이 남아 있는 친정 식구에게 과도하게 의무를 다하고 있는 나를 발견한다면, 이제는 그만둘 용기를 내야 한다. 당신은 그래도 괜찮다. 당신은 충분히 다했다. 이런 말을 해줄 좋은 친구가 있으면 좋겠다.

당신은 친구에게 솔직한가요? 그의 상처를 알고 있나요? 상처 없어 보이는 친구의 자랑만 듣고 있다면, 다른 친구를 만나볼 자유를 누려보라고 권하고 싶다.

세상에는 나만큼 아파본, 그래서 더욱 깊은 마음으로 세상을 살아가는 씩씩한 사람들이 있다. 당신이 그런 친구를 만나 자신의 트라우마를 지금이라도 회복하며 살아갔으면 좋겠다.

우리는 단 한번 세상을 산다. 후회하지 않고 눈 감기 위해 우리는 트라우마에 직면하여 그것을 극복하도록 노력해야 한다.

무조건 참지는 마
실컷 울고 나면
나아질 거야

✤ 루드베키아

〈루드베키아〉는 늦가을 국화류인 루드베키아 꽃이 거의 시들어 갈 무렵, 그래도 남은 몇 송이 꽃이 내게 위안이 되어서 그린 작품이다. 화려한 꽃이 만발해 그 자태를 뽐내는 모습도 물론 아름답다. 그러나 몇 송이가 자신의 모습을 조심스럽게 보여줄 때 느껴지는 처연한 아름다움도 소중한 감동이 된다. 쓸쓸하고 슬퍼 보이지만, 그것에 연민이 가면서 영원히 지켜주고 싶다. 그런 늦가을 루드베키아가 마치 우리들의 모습인 것 같다.

너그럽게 웃으시는 당신에게서
따뜻한 사랑을 배웠죠.
철이 없는 나를 항상 지켜주시는
하늘처럼 커보인 당신.

우연히 서랍 속에 숨겨둔
당신의 일기를 봤어요.
나이가 먹을수록 사는 게
자꾸 힘에 겨워지신다고.

술에 취한 아버지와 다투시던 날
잠드신 줄 알았었는데
불이 꺼진 부엌에서 나는 봤어요.
혼자 울고 계신 당신을.

알아요. 내 앞에선 뭐든지
할 수 있는 강한 분인 걸.
느껴요. 하지만 당신도
마음 약한 여자라는 걸.

알아요. 내 앞에선 뭐든지

할 수 있는 강한 분인 걸.
느껴요. 하지만 당신도
마음 약한 여자라는 걸.

알아요. 당신 맘을 모두 다 이해해요.
믿어요. 아름다운 당신을 사랑해요.

이 세상에 하나뿐인 소중한 당신
당신 모습 닮아갈래요.

왁스의 노래 〈엄마의 일기〉의 가사다. 엄마의 갑작스러운 죽음을 겪어낸 서른다섯의 나는 이 노래에 십오 년이 지난 지금도 아직 가슴이 저민다. 엄마가 돌아가신 그해 겨울, 혼자서 노래방에 가서 이 노래를 열 번쯤 불러대며 엄마에 대한 회한을 달랬던 날이 떠오른다. 그렇게 엄마란 존재는 고맙고 미안하면서, 그렇게만 기억하기엔 아쉬움이 넘치고 넘치는 존재다.

자식에게 하늘처럼 커보이기 위해 우리들은 얼마나 많이 참아야 했던가. 아이들을 무사히 잘 키워내기 위해 준비해야 할 교육비, 안락한 주거 공간, 아이들 미래를 위해 찾아내야 할 정보와 네크워크 등. 이런 것들을 무사히 준비하기 위해 우리는 매우 지치고 노심초사하면서 아이들 앞에서는 별 거 아닌 일을 한 것처럼, 원래 잘했던 것처럼 우리는 태연하게 연기하지 않았었나. 내 엄마의 무능이 싫었던 당신일수록 아이들을 위해 정말 불구덩이 속도 기꺼이 들어가는 용기를 내었을 수도 있다.

물론 자녀에게 자신을 돌봐달라고 철부지처럼 퇴행해버리는 부모가 되는 일은 피해야 한다. 자녀는 부모에게 보호받고 배려받아야 하는 존재이며, 우리는 부모로서 아이들을 안정적으로 키워내야 할 의무가 있다. 그렇게 자란 자녀가 건강하게 성장하여 세상에 자신 있게 적응하는 모습을 보는 것은 가슴 벅찬 일이다. 우리는 그런 부모가 될 수 있을 나이와 상황이 될 때 아이를 낳고 키워내는 것이 가장 바람직하다.

그렇지만 당신이 나이가 먹을수록 사는 게 점점 더 힘들어지는데 그 사연을 혼자만 앓고 있다가 일기장에 글로 남길 수밖에 없다고 하자. 또 당신이 남편과 갈등거리가 있어도 남편만 일방적으로 자기 할 말을 다 하고, 당신은 자녀가 잠들 때까지 참고 있다가 밤에 혼자서 울고 있다고 하자. 그런 일들이 자주 있다고 하자. 그런데도 당신의 자녀는 당신은 무엇이든 할 수 있는 강한 사람으로 믿고 있다고 하자. 그러면 너무나 가슴 아픈 일이다.

아이가 좀 더 자라면 힘들 때 아이들과도 집안의 어려움에 대해 해결 방안을 의논해볼 수도 있다. 남편과는 먼저 의논하는 것이 당연한 것이다. 아이들이 아직 어리다면 남편과 상의하고, 친구들은 비슷한 일을 겪을 때 어떻게 하는지 알아보고, 시댁 형제나 친정 형제들과 의논해보면서 해결하는 것이 더 낫다. 해결책이 나오기 이전에 우리는 힘든 심정을 가족이나 친구에게 털어놓을 수 있다. 그렇다고 어린 자식을 붙잡고 신세한탄하여 자식을 불안하게 만드는 방법은 피하라고 말하고 싶다. 그리고 다른 사람에게 말하는 것이 미안해서 항상 슬픔을 혼자 삭이고 있다면 그것 또한 피하라고 말하고 싶다.

당신은 슬프지 않았으면 좋겠다. 그러나 슬픈 일이 닥치기도 하는 것이 인생이라면, 슬프면 울어버리라고 말해주고 싶다. 울기 좋은 조건의 장소와 대상과 그 슬픔을 함께 나누었으면 좋겠다.

나는 엄마가 돌아가시고 나서야 작은언니와 깊은 대화를 할 수 있었다. 언니는 언니대로 모범생으로 살고 있는 내 앞에서 자신의 감정을 나눌 분위기가 안 되었던 것 같고, 나는 나대로 아버지의 사랑을 더 받고 있는 애교 많고 예쁜 언니에 대한 불편한 심정 때문에 언니와 내 힘든 감정을 나누고 싶지 않았던 것 같다. 엄마를 잃은 두 여자가 삼십 대 중반과 사십 대 초반에 처음으로 어린 시절 이야기를 나누었고, 노래방에서 〈엄마의 일기〉를 함께 불렀다. 혼자 이 노래를 부르면서 울었던 것도 내게 큰 도움이 되었었다. 그러나 작은언니와 함께 불렀던 날에 나는 훨씬 더 큰 위로를 얻었다. 엄마가 언니를 내게 남겨준 것이 무척 감사했다.

우리는 십 대 소녀 때만 슬프고 복잡한 심정인 것이 아니다. 이십 대에만 젊으니까 어른들을 붙들고 울 수 있는 것이 아니다. 이십 대까지는 마음에 힘든 감정이 쌓이면 걱정하지 말고 주변에 도와달라고 말하면 된다. '아프니까 청춘'이라고 말해주는 어른이 있다는 것은 얼마나 축복인가. 그런 어른들 덕분에 젊음의 아픔은 극복될 수 있다.

그런데 말이다. 나이 들어 엄마도 돌아가시고, 또는 늙은 부모님에게 기댈 수 없어서 울 곳도 없는 중년인 당신의 슬픔은 어떻게 치유할 수 있을까. 왁스의 엄마처럼 자식 앞에서 무엇이든 할 수 있다는 강함으로 무장하고 말 것인가. 물론 강한 척해도 엄마가 약한 분이라는 것을 알고, 엄마를 사랑한다고 말해주는 딸이 있어서 다행이고 보람일 수도 있다. 그런데 정말 강한 척을 얼마나 더 할 수 있단 말인가. 당신이 느끼는 갱년기의 피로와 초조함, 위축감을 울어내지도 않고 위로받지도 않고 견디겠다는 말인가. 그렇게 해도 당신 정말 괜찮을까.

우리끼리 비밀을 하나 가져보자고 제안하고 싶다. 먼저 오늘 당신이 괜찮은지 마음을 쓸어내리며 확인해보라. TV를 보는데 눈물이 그쳐지지 않는다면 아마도 어린 시절의 당신의 상처가 자극이 되었거나, 지금 참아내고 있는 당신의 아픔이 자극을 받았을지도 모르겠다. 내 마음이 괜찮은 사람은 괜찮은 오늘을 감사하라. 그다음 당신 가족과 친구의 안부를 진심으로 물어봐주고, 그들이 힘들다면 위로하라.

그런데 내 마음이 안 괜찮은 당신은 나를 위로해줄 누군가에게 연락을 해보라. 너무 어린 자식은 그 누군가로 끌어들이지는 말도록 하자. 그 누군가에게 연락해서 괜찮은 척 상대의 안부를 묻는 허세는 절대 하지 말 것을 당부한다. 그에게 내 이야기를 들어줄 수 있느냐고 물어보고, "나 힘들다"고 말하라. 슬픔이 중간 정도면 신세한탄을 천천히 하라. 슬픔이 너무 크면 그에게 "나 좀 울게"라고 말하라. 그리고 울어라. 목 놓아.

아직 목 놓아 울 수 있는 사람이 당신 곁에 없다면 일단 오늘 하루는 혼자 울어라. 방해받지 않을 곳에서. 그러나 내일 일어나면 힘들었던 어제를 잊지 말고, 혼자 울지 않기 위해 내 마음을 내놓고 싶은 친구를 만들어라. 친구에게 도움만 주고 속을 내놓지 못한 내 습관이 문제라면, 좀 더 내 맘을 내놓는 용기를 내어보라.

당신 혼자 울거나, 자식 앞에서 우는 모습은 가급적 피하자. 함께 나이 먹어가는 아픔에 대한 노하우가 있는 친구들 혹은 남편과 같이 울어라. **당신은 울어도 되고 위로받아 마땅한 좋은 사람이다.**

나이가 든다고
꿈마저 없어지는 건 아냐

✤ 자화상 I

〈자화상 I〉은 내 중년의 주름과 안정을 표현하고 싶었던 그림이다. 스물의 청순한 아름다움은 물론 없다. 둥근 얼굴선과 팔자주름에서 젊은 여성의 팽팽하고 가녀림은 느껴지지 않는다. 그러나 나는 팔자주름과 눈가주름에 신경쓰지 않고 밝게 웃어내는 나를 간직하고 싶다. 주름이 겁나 직사광선을 피하기보다는 직사광선에 과감히 얼굴을 드러내고 웃어내고 싶다. 물론 일찍 나의 여성성을 포기하고 싶다는 이야기는 아니다. 주름개선 화장품이나 얼굴을 탄력있게 하는 세안법 등에 대해 귀를 열어두고 살 필요도 있다. 남들보다 먼저 늙고 초라해지고 싶은 마음은 없다. 그렇지만 나의 중년스러운 모습을 직사광선 앞에 노출할 때 난 당당히 나의 중년을 보여주고 싶다. 내가 살아온 훈장이 있어 나는 더 아름답다고 말하고 싶다.

몇 년 전 영화 〈써니〉가 잔잔한 흥행몰이를 하였다. 태어날 때부터 딸아이의 엄마였던 것처럼 엄마와 주부의 일상을 사는 주인공이 고등학교 시절 칠공주 멤버들과 재회하며 시간여행을 떠난다. 시골에서 전학온 나름 성적도 우수하고 강단도 있던 주인공이 일진 역할을 하는 또래들과 친구가 되면서 펼쳐지는 십 대들의 우정과 짝사랑의 장면이 지나간다. 그리고 갈등 속에 한 친구가 예쁜 얼굴을 한 친구의 얼굴에 자상을 입히고, 아이들은 뿔뿔이 흩어진 채 결국 그녀들의 우정은 막을 내린다.

이십여 년의 세월이 흐르고, 우연히 해후하는 소녀들의 중년의 모습은 참 서글프다. 카메라 앞에서 시인이 되겠다고, 미스코리아가 되겠다고 수줍게 말하던 그녀들. 그러나 사십 대의 그녀들은 알콜 중독의 늙은 작부로, 평범한 주부로, 말기암 환자로, 시집살이하는 가난하고 서글픈 며느리로, 보험 영업사원으로 재회한다. 한국을 떠나 거취를 알 수 없게 된 친구도 있다. 영화는 춘화의 유언과 상속으로 제 2의 삶을 살아가는 낭만적인 결말로 우리의 가슴을 적신다.

영화를 보며, 나도 당신도 저런 시절을 떠올렸을 것이다. 라디오에 사연을 보내놓고, 사연이 소개되기를 기다리던 밤 10시 타임대. 음악을 녹음하고, 음악을 선물하기도 하던 문학소녀 감성. 첫사랑에 밤잠을 설치던 시간들. 친구들과 진실타임을 하면서 서로의 비밀을 나누던 시간들. 그리고 그때 우리들은 모두 꿈을 꾸지 않았던가. 무엇이 되고 싶었었다.

우리들은. 그런데 시간은 순식간에 날아서 우리의 나이를 건너뛰기해버렸다. 매 고비를 생각하면, 우리는 한걸음 한걸음 세월을 먹어온 것인데, 그 시간들은 믿어지지 않게 빠르게 지나왔다. 그리고 우리는 무언가가 되어 있지만, 지금 내가 맘에 드는가? 영화의 주인공들만 쓸쓸한 중년일까?

우리는 언제부터 단추를 잘못 끼운 것일까? 내 진학의 결정, 첫 직장의 결정, 결혼의 결정, 이사의 결정, 출산의 결정, 둘째 출산의 결정, 남편 직장일로 꾸려진 외국 생활 등. 대부분의 우리들은 그 숱한 결정을 거칠 때 내가 아닌 가족을 위한, 남편과 아이들을 위한 결정을 했다.

그리고 나의 꿈은 그렇게 새가 되었다. 내게 남겨진 건 성장하는 아이들과 중년의 남편이 무덤덤하게 존재한다. 그리고 그들은 내가 꿈이 있던 젊은 여자였다는 사실을 상상도 하지 못하고 있다.

참 외롭다. 쓸쓸하고, 허무하다. 운 좋은 당신은 친구 같은 딸들과 일상을 나누며, 그럭저럭 괜찮은 인생이지 않은가 자위하고 있을지도 모르겠다. 그러나 모진 세월이 할퀴고 간 당신은 잘해보려고 했는데, 이혼을 치뤄냈거나 자녀들과의 불편한 일상들을 살아가고 있을지도 모르겠다. 일을 하고 있긴 하지만, 내가 원하던 그런 찬란한 무엇이 아닌 생계형 무언가를 하고 있기도 할 것이다. 언제부터가 문제란 말인가. 누구를 탓해야 한단 말인가. '탓한다고 현재가 바뀌기는 할까?' 하는 한숨만 나오기도 할 것이다.

그렇다고 쓸쓸해하거나 인생은 원래 그런 거라고 결론짓고, 자녀들을 위해서 나머지 인생도 매진할 것인가. 아내가 외출 후 뭔가 심기가 불편해보여서, 남편이 넌지시 물었다고 한다. "여보, 동창 남편이 승진했대? 아니면 친구 자식 놈이 엄청 잘 됐대?" 아내가 시큰둥하게 대답했단다. "아니 친구들은 다 남편 치웠대. 나만 아직도 짐이 남아 있더라고." 물론 우스갯소리다.

그런데 나이 육십쯤 되어 아이들도 이미 성장하여 자기 길을 떠난 이후의 삶을 사는 우리보다 조금 더 언니 세대는 남편도 귀찮은 그런 세월이 우리들에게도 결국 온다는 사실을 알려준다. 그때 이렇게 퉁명스럽게 남편에게 말하고 있을 당신을 생각하며 많은 여성들이 공감의 실소를 보낸다는 것이 슬프다.

최근 실화를 배경으로 한, 친정 근처에서 고립되어 살고 있는 여성의 이야기를 다룬 단막극이 있었다. 어린 시절 얌전하게 지냈다는 동네 이장님의 딸이 부모님이 다 돌아가신 친정에 혼자 남아서 동네 주민들을 향해 경계와 비난을 쏟아내고 있는 내용이었다. 왜 그렇게 되었는지는 정확히 알 수가 없다. 남편과도 자식들과도 소원한 관계이고, 어린 시절 살던 고향에 혼자 살고 있다는 것만이 팩트였다.

보고 있는 내내 동네 주민들이 참 힘들겠다 싶으면서도 가장 신경이 쓰였던 건 고립된 그 여성이 느꼈을 외로움이었다. 왜 친정일까? 왜 새로운 곳이 아닌 어린 시절 성장한 곳일까? 그곳이 그녀의 트라우마의 원천일까? 그곳에서 내 잘못된 첫 단추를 곱씹으면서 인생을 후회하고 있는 것일까? 과거가 아닌 새로운 시작을 희망할 수 있다면 얼마나 좋을까? 어린 시절 상처가 있었다 해도, 결혼생활에 회한이 있다고 해도, 다시 한 번 우리 과거의 후회를 거울삼아 남은 삶을 다른 방식으로 살아갈 수는 없을까? 고향이 아닌, 남편과 자식과 생활했던 공간이 아닌 새로운 공간에서 새로운 방식으로 다시 살아갈 권리와 능력을 믿어본다면 얼마나 좋을까? 그녀의 모습을 TV로 보면서 무척이나 안타까웠다.

어쩌면 우리는 인생이 스무 살 남짓까지만 성장한다고 믿고 있는 것이 아닐까? 부모님이 먹여주고 밀어주고 있던 그 시절만 우리는 성장한다고 믿고 있는 것이 아닐까? 그런데 몸은 그쯤에서 성장을 멈추지만, 우리의 마음과 지혜는 평생을 성장한다고 생각되어지지 않는가? 마음은 계속 성장하여 우리를 보다 멋진 중년으로 만들어줄 수도 있지 않는가? 그리고 우리에게는 이제 가족이 아닌 '나' 자체만의 미래는 없는 걸까? 더 이상 꿈은 없는 게 맞는 걸까? 퇴직하고 할 일 없는 남자들보다 손주들을 돌봐주고 친구들과 여행을 떠날 수 있어서 우리 여성들은 다행인 걸까?

우리는 정말 그만 성장해도 되는 걸까? 에릭슨Erik Erikson은 인생의 평생 발달을 믿었고, 중년기 삶의 과업을 생산성이라고 했다. 그런데 우리는 너무 빨리 생산적인 나를 멈추고 있는 것은 아닌가 모르겠다. 수명은 계속 늘어나고 있는데, 생산성이 빨리 저하된다면 우리들의 삶은 침체뿐 아니라, 절망과 두려움을 가져올 수밖에 없다.

지금의 내 나이를 너무 빨리 퇴장해야 될 시기라고 생각할 필요는 없다. 우리는 아직 한참 일하고 사랑하고 느낄 나이다. 지금의 나에 정체되고 조용히 은퇴하기에는 남은 인생이 너무 길다. 물론 지금 하고 있는 일에 무조건 남아 있으려고 하는 것은 무리가 따르기도 하고, 좋은 선택이 아닐 수 있다. 그러니 준비가 필요하다.

우리들의 이 나이는 쉽게 얻어진 게 아니지 않은가? 우리는 열심히 살아왔고 자신이 할 수 있는 한 최선을 다해서 살아왔다. 분명히 그러하다. 그러니 우리는 지금의 나를 당당히 내놓고, 지금 여기서 다시 새롭게 해볼 만한 나의 행로를 찾아가야 한다고 믿는다. 이미 늦었고, 많은 것을 잘못 살아왔고, 돌려놓기에는 너무 엉클어진 실타래라고 스스로 말하지 않았으면 좋겠다.

제 2의 인생을 이제 시작하자. 남편만 믿고 살기보다 내 스스로 새로운 나를 만들어보자. 자녀들이 스스로 자신의 길을 갈 수 있도록 지켜주고 성장시킨 당신. 이제 당신의 남은 삶을 성장시켜보자. 어쩌면 식구들을 돕느라 아직 결혼도 하지 않고 중년으로 넘어온 당신. 아까운 자신을 위해 새롭게 충전하고 길을 나서보자. 큰 돈을 벌지 않아도 좋다. 대단한 명예가 따라주지 않아도 좋다. 내가 해보고 싶었던 어린 시절의 꿈에서 답을 찾아내자. 더 늙기 전에, 더 늦기 전에 내가 하고 싶었던 일들 중에서 지금 내가 할 수 있는 것을 찾아보자. 그리고 소박하게, 조용히 조금씩 움틀거려보자.

겁내지 말라고 말하고 싶다. 당신은 쓰러지지 않고 내공 있게 살아

남지 않았나요? 그러니 할 수 있어요. 무모하게 큰 기대를 하면 겁나서 할 수 없어요. 작게 시작해요. 남에게 보일 성공을 위해서가 아니라, 내게 남은 간절한 만족감을 위해서요. 당신은 혼자가 아니에요. 친구들과 격려해주며 새로운 길을 떠나봐도 좋아요. 같이 갈 친구가 없어도 좋아요. 길을 걷다 보면 친구들이 생길 거예요. 파이팅.

당신은 엄마이기 전에
사랑하고 사랑받고 싶은
여자라는 존재

✚ 지친 하루의 끝

〈지친 하루의 끝〉은 하루를 지치게 지내온 여성의 밤을 표현했다. 그림 속 여성의 누드는 아름다운 몸을 보여주기 위한 표현이 아니다. 바쁜 하루의 끝에 여성은 그제서야 엄마나 며느리나 아내, 직업인의 모습을 벗는다. 그녀가 아름다운 몸매의 여자는 아니더라도 여자로서의 본질을 드러낸다는 이야기를 하고 싶었다. 내 전시회에서 이 그림을 보던 열심히 살아온 여성들이 참 슬프다며, 이 그림 앞에 오래 머물러 있었던 모습이 내게는 선명하게 기억된다.

상담 중에 한 여성이 자신의 어린 시절을 이야기하면서 했던 말이 기억난다. 세 살에 사고로 아빠를 잃었던 분이다. 스물일곱에 세 살, 한 살의 자식을 홀로 키워야 했던 그분의 어머니는 많은 고생을 했을 것이다. 그녀가 아홉 살이 되던 해에 엄마가 뭐가 갖고 싶으냐고 물었을 때 "아빠가 갖고 싶다"고 말했던 걸 분명히 기억한다고 했다. 그리고 그녀의 엄마는 일하면서 알게 된 남자와 결혼을 했고, 그래서 새로 동생이 태어났고, 그렇게 새로운 가족이 생겼다는 것이다. 물론 엄마도 외로웠을 거고, 남편이 필요해서 결혼을 선택했을 수 있다.

그러나 아마 많은 엄마들은 내가 사랑받고 싶다고 사랑하는 남자를 과감하게 선택하지는 못한다. 엄마들은 내가 먼저가 아니다. 자식의 행복이 먼저다. 그녀의 어머니도 어린 딸이 아빠를 갖고 싶다고 강력하게 말했기 때문에 결혼을 선택한 것이 첫 번째 이유였을 것이다. 아이가 이미 낯설지 않게 본 남자와 결혼했지만, 현실성이 적은 남자를 아이가 편안해한다고 선택한 그녀의 어머니는 결혼 이후로도 여전히 생활비를 벌기 위해 노력해야만 했다고 한다. 엄마들에게는 내 아이가 아빠를 필요하다고 할 때가, 내가 남자가 필요할 때보다 결혼할 명분이 더 분명했었을 것 같다.

우리나라에서 훨씬 흔한 예는 아이가 있어서 폭력적인 남편, 자신을 무시하는 남편, 외도하는 남편 등 참기 힘든 남편들을 참아내는 일이다. 자녀가 부모의 이혼으로 사회적으로 손해를 볼까봐 '아이가 대학 들어가면 이 인간과 헤어져야지', '아이가 결혼만 하면 무슨 일이 있어도 이혼해야지' 이런 결심을 하며 세월이 흘러간다.

대부분의 가정에는 자녀가 여럿이어서, 큰아이가 결혼을 해도 그 결심을 현실로 옮기자니 둘째가 아직 미혼이고 또 막내가 미혼이다. 그렇게 삼십 년이라는 세월이 훌쩍 지나간다. 그리고 부부의 나이는 어느새 육십 가까이에 있다. 이 나이에 헤어져야 하나. 사위나 며느리도 있는데, 아이들 불편하게 해야 하나. 아직도 자녀들 때문에 부부는 특히 여성은 망설인다. 우리나라에는 정말이지 헌신적인 엄마가 참 많다. 태어날 때부터 엄마를 하기 위해 태어난 사람처럼 좋은 엄마를 헌신적으로 해낸다.

남편의 고질적인 외도와 사업의 실패로 지친 여성을 상담한 적이 있었다. 그런데 그 여성을 가장 속상하게 한 것은 아들의 말이었다. 아버지 때문에 힘들어 하던 세월 동안 엄마를 위로하면서 지내온 아들이었다. 그녀는 아들이 황혼 이혼을 누구보다도 지지하고 이해해줄 거라고 생각했다고 한다.

그런데 엄마를 위로하던 아들이 서른을 넘기면서 입장이 바뀌었던 것이다. 결혼을 하게 된 아들은 아내와의 관계도 중요해졌고, 아버지를 남자로 이해하게 되었을 수도 있다. 어쨌든 엄마가 이혼하고 싶다고 이야기했을 때, 아들은 엄마가 그냥 아버지와 살아주었으면 좋겠다고 이야기했다는 것이다. 물론 엄마와 아들의 관계에서 아들이 자신의 입장을 분명히 밝힌 것은 아들로서는 엄마에게서 분리해나가는 성장의 단계일 수도 있다. 그러나 아들이 아들의 불편함을 덜어주기 위해서 그대로 결혼생활을 유지하라고 했을 때, 그 여성에게는 좌절이었다. 그녀의 입장에서 아들이 엄마 편이었을 때는 아들을 위해 불행한 결혼생활을 참아낼 수 있었지만, 아들이 엄마와 상관없이 자신을 위해 결혼생활을 지속해달라고 했을 때는 배신감마저 들었던 것이다.

아들은 자신이 태어날 때부터 늘 옆에 엄마로 존재했기 때문에 엄마는 늘 엄마지만, 엄마의 입장에서 엄마는 늘 엄마였던 것은 아니다. 누구의 소중한 딸이었던 시절도 존재했고, 많은 남자들의 사랑을 받으며 누구를 선택해야 더 행복할 수 있을지를 고민하던 처녀 시절도 존재했었다. 또한 한 인간으로 세상에 자신의 이름으로 살아보고 싶었던 시절도 존재했었다. 그런데 아들은 엄마의 고통은 이해하지만, 자신에게는 늘 엄마였던 존재니까 내가 편하게 살 수 있도록 엄마로서 존재해달라고 말하는 것이다.

그녀는 남편에게 더 사랑받고 더 보호받고 싶었던 여자이다. 아들이 결혼해 며느리가 생겼어도 여자로 사랑받고 싶고 대접받고 싶은 욕구는 줄어들지 않는다. 그래서 여전히 불행감은 이혼을 생각하게 되는 것이다. 자식들이 부모의 부부관계에 지나치게 개입하는 것은 물론 건강한 경계선을 지키는 것이 아니다.

건강한 가족은 서로 염려하고 지지하지만, 각각의 경계선을 잘 지켜낸다. 아들이 엄마를 걱정한다면 자신을 위해 이혼하지 말라고 말하기보다는, 엄마의 입장을 공감하면서 엄마가 갑자기 혼자 살게 될 때 생활의 변화를 감당할 수 있을지 염려해주는 것이 더 맞는 태도다. 그러나 우리의 자식들은 딸이나 아들이나 엄마를 한 인간으로, 특히 사랑받고 싶은 여자로 보는 시각이 덜 발달되어 있다. 우리들은 모두 영원히 엄마 자궁 속에 회귀하고 싶은 퇴행 근성이 있어서 엄마가 자신 앞에서 약한 모습을 보이는 것을 두려워하는 속성이 있다. 그래서 지친 엄마에게 나를 위해 그냥 기존의 가족이라는 틀을 지켜달라고 말하면서도 큰 죄책감을 갖지 않는다.

소설 〈엄마를 부탁해〉에서도 신경숙은 치매로 인생의 막다른 길을 걷고 있는 엄마를 같은 여자이면서도 여자로 긍휼히 여기지 못한 자신을 반성하고 있다. 엄마의 관점에서 바라본 엄마의 인생은 사랑받던 소녀 시절도 있었고, 어려운 남편 때문에 외로운 시절도 있었고, 남편의 친구에게 애틋한 감정을 느끼던 수줍은 젊은 여성의 시절도 있었다. 물론 자녀들 하나하나를 걱정하면서 더 잘해주고 싶은 엄마의 시간이 어머니의 삶의 대부분을 차지했지만, 어머니의 소중하고 약한 시절을 자녀들은 인지하지 못하지만, 분명히 거기에 존재했다.

아버지는 치매 아내를 살뜰히 살피지 않고, 늘 앞서 걸으면 당연히 알아서 따라와야 한다고 생각하고 무심히 걸어오던 습관과 태도를 버리지 못했다. 그래서 자녀들은 엄마의 실종을 야기한 아버지를 속으로든 겉으로든 비난한다. 그러나 자식들 또한 엄마의 존재는 늘 당연히 자식을 걱정하면서 고향에 변함없는 대상으로 존재한다는 생각을 가지고 있었다. 딸로서 작가는 엄마의 영혼이 자신의 과거의 소중한 시간들, 자녀들의 장소를 여행하면서 마지막 이별의 인사를 다니는 장면을 펼쳐 보인다.

엄마의 마지막 시간들은 우리에게 참 많은 시사점을 준다. 엄마도 여자이고, 엄마라는 의무감에 시달리면서 그렇게 보내버리기에는 더 해보고 싶은 일도 더 받아보고 싶은 감정도 많다는 사실을 말해주고 있다. 우리 중년의 여성들은 치매로 마지막을 달리면서 정신없이 자신에게 소중했던 순간들을 조각 기억으로 붙들고 시간 여행을 하다가, 낯선 곳에서 마지막 순간을 맞을 수도 있는 우리들의 미래에 대해 생각하게 한다. 더 늦기 전에 우리는 아직도 나는 여자이고, 엄마로서 참고 헌신만 하기에는 아쉽고 아까운 것들이 많다는 것을 각성해야 한다. 어쩌면 지금이 다르게 살 수 있는 가장 좋은 시기일 수 있다.

원래 우리는 언제나 여자였다. 그래서 며느리로 엄마로 살더라도 한 남자의 사랑과 배려를 받고 싶은 그런 여자였다. 물론 사랑받고 배려받은 여자는 늘 더 큰 사랑으로 남편을 돌봐주려고 할 것이다. 그러나 받지 않고 의무와 습관으로 배려하는 삶은 결국 고갈되고 허탈하고 외로워지기 마련이다. 그러니 결혼과 자녀의 탄생으로 스스로가 기꺼이 벗어던졌거나, 남편의 요구로 벗어던졌던 여자로서의 나를 다시 집어들어야 한다. 자기 내면의 한 구석에 남아서 언젠가는 쓰여지기를 기다리고 있는 그 모습을 말이다.

그게 융Carl Jung이 말하는 페르소나persona와 쉐도우shadow다. 페르소나는 사회적으로 드러내는 얼굴이나 역할에 해당하고, 쉐도우는 원초적인 동물적 본능과 자발적인 창조성이 모여 있는 것이다. 페르소나가 두껍게 엄마로 나를 표현해도, 감춰진 쉐도우는 아직도 여자로 사랑받고 싶어하고 있다. 자신에게 아주 솔직히 물어보라. 아마도 인정하게 될 것이다.

그러면 나도 여자라는 것을 누구에게 말해야 할까. 다 장성한 아이들에게는 아마 엄마도 여자라고 말해도 괜찮을 수 있다. 말해주는 아이들과의 건강한 분리를 위해 필요한 경우가 있기도 하다. 그런데 엄마인 나도 여자라는 말은 자신에게 가장 분명히 말해야 한다. 그리고 내가 여자인 것을 알아주었으면 하는 사람에게 말하는 것이 가장 지혜로울 것이다. 그 사람이 남편일 수도 있다. 이혼이든 사별이든의 이유로 독신인 당신은 내가 여자라고 말할 상대를 부끄럽다고 생각하지 말고 용기를 내서 찾아보라고 말해주고 싶다.

더 예쁘게 자신을 가꾸고 엄마지만 여자로서의 자신을 놓지 말고 살기로 하자. 여자인 당신, 당신은 여전히 아름답다.

아직도 일과 가정
둘 중에 하나를 선택해야 하나

✚ 탄생

〈탄생〉은 우리가 새로운 모습으로 재탄생하려는 의지를 담은 그림이다. 우리가 엄마 뱃속에서 처음으로 태어날 때는 엄마 자궁의 수축이 밀어내는 힘에 이끌려 좁고 어두운 길을 거쳐 밀려나오는 과정이었다. 물론 힘겨운 탄생의 과정은 우리의 첫 고생이었다. 그래도 엄마의 처절한 힘주기와 자궁의 밀어내기라는 도움이 있어서 태어나진 것이다. 우리들 인간은 세상에서 살아남을 수 있을 때까지 자신의 뱃속에서 키워주고, 또 죽을 힘으로 자식을 세상에 내보낸준 엄마의 희생으로 태어난 존재다. 진정한 의미의 탄생은 스스로 자신의 상처를 딛고 어디서 어떻게 살아야 할지를 결정하여 거칠지만, 씩씩하게 시작하는 성인으로서의 나의 시작에 있다.

내게 진로상담을 받으러 온 분이 있었다. 그녀로부터 건강한 에너지가 느껴졌고 친밀감도 느껴졌다. 공부도 꽤 잘했었던 분이셨고 능력도 있었다. 그리고 직장에서 좋은 평가를 받기도 했지만, 한 분야에서 차분히 성장하여 그 분야의 전문가로 자리 잡기 직전에 다른 일로 옮겨가는 산만함을 보이는 특징이 있었다. 비평준화 지역에서 고등학교는 그 지역에서 가장 우수한 학교로 진학하는 데까지 성공했다. 아마도 그 학교에서 자신보다 더 우수하고, 집안에서 고액 과외도 받는 등 능력이나 환경조건이 좋은 친구들에게 갑자기 뒤처지는 경험을 한 것이 자신감을 잃게 한 계기가 된 것 같았다. 대학에 대한 목표를 잡기가 두려워졌고 집안 형편도 어려워서 스스로 취업률이 높은 전문대학의 안정적인 학과를 선택하여 갔다고 한다.

그녀는 전문대학을 우수한 성적으로 졸업하고, 그 분야에서 부러워할 만한 직장에 취업하였고, 인턴과정을 거쳐 시험과 근무성적에서 우수한 점수를 취득하여 정규직 직원으로 발령을 받을 수 있었다고 한다. 그런데 대기 중이던 시기에 스스로 그 직장을 그만두었다고 한다. 그다음에는 결혼을 하고 아이를 키우면서 시간제로 직장을 다녔다고 한다. 어린 아이를 키우면서도 시간제 일자리를 놓지 않았고, 다른 분야의 공부를 시작하였고, 어린시절부터 해보고 싶었던 취미 생활도 꾸준히 하여 상당한 실력을 갖출 수 있었다고 한다. 그렇게 치열한 세월을 보냈고, 최근에는 또 다른 분야의 전문직 일을 하고 싶어서 대학원을 진학하였고, 그 분야의 직장에 취업이 된 상황이었다. 그녀는 지금 이 일에 만족하지만, 자신이 자유분방한 기질이 있고, 장기 목표를 세우기보다는 단기적인 목표를 세우고 달성하면서 그날그날을 살아온 것이 자신의 장점이자 단점이라고 스스로를 평가하였다.

그녀가 나와의 상담을 통해 얻어야 하는 것은 남은 인생 동안 직장 일을 어떻게 하는 것이 좋을지에 대한 정리와 자기 확신을 갖는 일이었다. 나는 그녀의 직업생활을 들으며, 그녀가 참 성실하고 솔직한 재원이라는 느낌이 들었다. 자신의 사무 능력에 대한 자신감도 매우 객관적인 것이어서 직장인으로 가지고 있는 능력에 대해 격려해줄 근거를 분명히 느꼈다. 아이를 전적으로 돌보지 못하는 것에 대한 아쉬움과 걱정도 하고 있었지만, 맞벌이로 가정의 수입에 도움을 주고도 있고, 일을 워낙 좋아하는 사람이어서 일을 꾸준히 하는 것이 본인에게 더 만족스러운 일이라는 생각도 들었다. 친정어머니와 남편의 도움으로 직장생활과 육아를 병행하는 것도 비교적 안정되어 있었다. 게다가 이미 두 자녀는 청소년기로 접어들어가고 있어서 직장생활에 더 집중해도 될 만큼 집안일은 잘 정리되어가고 있었다. 자녀들도 큰 탈 없이 자신의 일을 해나가고 있는 중이었다.

문제는 그녀는 자신의 능력에 비해서 직장에서 핵심 멤버로 승진할 가능성과 기회가 충분했는데도 그렇게 하지 않았다는 것이다. 일을 그리 좋아하고, 잘할 수 있는데 왜 그녀는 그런 행보를 거치는 것일까?

우리가 한 분야에서 꾸준히 성장하여 그 분야의 전문가로 인정을 받는 데는 중요한 요인들이 있다. 능력과 대인관계 기술이 그 대표적인 것이다. 그리고 동기 수준도 중요하다. 또 다른 요인이 있다면 자신감과 의사결정 능력이다. 그녀에게 점검해보아야 할 부분은 자신감과 의사결정 능력과 관련된 것이었다.

그녀는 많은 장점을 가지고 있었지만, 자신의 일을 꾸준히 해내면서 성공적으로 자리잡은 멘토가 가까이에 없었다. 부모님에게서 직장에 대한 조언을 들을 수 없는 형편이었고, 누군가와 의논하기에는 지금 당장 필요한 수입을 확보해야 하는 현실이 크게 보였다. 남편도 좋은 사람이지만, 동갑 결혼이라 조언을 구하기에는 그녀의 직업 경력이 더 많았다. 주도적인 그녀의 성격은 주변 사람들에게 언니 역할을 하면서 남을 도와주는 데는 장점이었다.

그러나 그녀가 고등학교 시절 우수한 학생들 사이에서 경험했던 좌절감은 자신이 존경하는 누군가가 멘토가 되어 극복하고 갔으면 좋았을 걸림돌이 되고 있었다. 자신이 힘들게 목표로 삼아서 진학한 고등학교에서 경험한 위축 경험은 성공불안을 야기시킨 측면이 있었다. '더 나은 자리에 올라가면 내 능력의 한계가 남들에게 보여지게 되어 있어. 그러면 나는 지적받으면서 초라한 나를 경험하게 될 거야. 그러니 여기서 멈추고, 적당한 위치에 머물러야 해.' 이런 생각들이 무의식적이고 자동적으로 작동한 것으로 보인다.

그녀는 자신이 자유분방하고 반복적인 일을 지겨워해서, 새로운 분야를 공부하기로 했다고 자신을 평가하였다. 그러나 새로운 분야의 공부에서 한 단계 업그레이드될 순간에 생활비를 벌기 위해 새로운 분야에 집중하지 못하고 아르바이트에 에너지를 뺏겼다. 그리고 취미생활에 도전하였다.

그런데 그녀는 성공불안과 성공하고 싶은 욕구 사이를 반복적으로 오고 가는 양상을 보였다. 에너지도 많고 유능한 그녀는 새로운 일을 벌리는 것은 용기 있게 잘 시도하나, 끝까지 도달하지는 못하는 점에서 자신의 모습을 깊이 탐색할 필요가 있었다. 새로운 분야를 시도하기 전에 더 신중한 의사결정을 해볼 필요가 있었다. 그 순간의 느낌에 의해 직관적으로 결정하기보다는 더 진지하게 정보를 구하고, 그 분야의 권위자와 의논하면서 합리적으로 결정하는 훈련을 했다면 훨씬 더 나은 결과를 가져올 수 있었음에 틀림 없다.

우리는 열심히 살면 반드시 무언가를 얻을 수 있다. 타고난 능력까지 있다면 분명 원하는 것을 얻게 되어 있다. 그런데 성공을 향해 가는 과정에서 당연히 부딪치게 되는 실패를 견딜 자신감이 없다면 결과는 알 수 없다. 앞의 그림 〈탄생〉에서도 약하고 상처받는 여인이 아니고, 강하게 상황을 헤쳐나가는 여인을 표현하고 싶었다. 강한 어깨를 가지고 있고, 강한 손목으로 상황에 대한 결단을 상징하고자 했다.

우리는 상처받기 쉽다. 여성으로 살아가다 보면, 남편이나 시댁으로부터 억울한 처사지만 할 수 없이 받아들일 수밖에 없는 일도 많고, 그래서 화병이 생길 지경일 수도 있다. 그러나 우리가 항상 당하는 존재만은 아니다. 어깨 당당히 펴고 상황 파악을 분명히 하면, 억울하게 끌려가지 않고 내가 주도하는 삶을 살아갈 수도 있다. 나는 그런 강한 여성의 모습을 믿고 싶어서 강력한 여성의 이미지를 그려보고 싶어한다.

상담실에서 나는 의존적이고 나약한 분들을 자주 만나게 된다. 어머니의 지원을 끊임없이 받고 있지만, 애쓴 보람도 없이 열심히 투자한 분야에서 제대로 직원으로 일해내지 못하고, 엄마로서의 역할도 친정어머니나 남편에게 의지하면서 죄책감과 절망감에 시달리는 분들도 꽤 보아왔다. 그런 분들은 열심히 무엇을 해볼수록 자신의 무능감만 반복적으로 경험하면서 우울을 고질적으로 안고 간다.

심리학자 아들러AlfredAdler는 인간의 열등감이 정신건강을 해치는 핵심적인 개념이라고 주장하고 있다. 그리고 열등감을 만드는 세 가지 원천이 자신의 신체적 열등감(체격, 외모, 장애 등을 포함하는), 과잉보호, 방임이라고 했다. 건강한 부모로부터 준비된 환경에서 자녀가 태어나는 것이 얼마나 중요한가를 생각하게 되는 이야기다. 그러나 인간은 자신을 스스로 구제할 수 있는 자율적이고 이성적인 존재이기도 하다. 우리는 자신의 삶을 재탄생시킬 수 있는 존재다.

당신에게 탄생은 어떤 의미인가요? 당신은 언제 스스로 탄생하였나요? 혹시 아직도 탄생하지 못하고 친정어머니나 남편의 보살핌을 받고 있는 것은 아닌가요? 이제 우리 다시 탄생해보자고 말하고 싶네요. 실패할까봐 실패가 너무 아플까봐 가야할 곳에 아직 가지 않고 있는 당신. 실패를 두려워하지 마세요. 실패하고 이겨내야만 그곳에 갈 수 있을 거예요. 여기 자신의 힘으로 한번 해보겠다고 막 길을 떠난 사람들이 있어요. 우리, 그들과 같이 걸어가 보기로 해요.

중년의 사랑이
더 아름다운 이유

단풍이 있는 가을 하늘

〈단풍이 있는 가을 하늘〉은 마흔아홉의 내 마음을 표현하고 있는데, 내가 사랑하는 큰언니에게 바친 그림이다. 나보다 열 살 많은 쉰아홉의 여인인 내 큰언니를 더 닮은 그림이기도 하다. 단풍잎이 주는 강렬하지만, 뜨겁지 않은 사랑을 상상해보았다. 마지막 사랑이 아닐 수도 있지만, 오십의 사랑은 마지막 사랑이라는 절박함이나 진지함으로 맞이하게 될 것 같다. 젊은 시절의 사랑은 새콤하고 달콤하게 할 수도 있었고, 믿을 수 없을 만큼의 농염함으로 했을 수도 있다. 그러나 중년의 사랑은 가을 단풍처럼 차분하게 해낼 수 있다. 담백하고 서늘하게 지어내는 사랑의 이야기가 더 감동적일 수 있다. 혹시 중년이 되도록 한번도 제대로 사랑해보지 못했다면, 이번에는 가을을 닮은 사랑을 해보라고 권하고 싶다. 이제 사랑을 할 나이가 아니라고 생각하지 말자. 사랑으로 행복해본 적이 없다고 생각하는 당신이라면, 남은 인생은 오히려 성숙한 사랑에 더 많은 시간을 할애할 자격이 있다.

사랑에는 타이밍이 중요하다고 한다. 하지만 더 중요한 것은 정성이다. 드라마 〈응답하라 1988〉을 떠올려보자. '첫사랑'이라는 제목을 단 회차였던 걸로 기억한다. 두 남자 택이와 정환에게 같은 날 덕선에게 숨겨왔던 마음을 고백할 기회가 생긴 바로 그날, 택이는 파란 신호 덕분에 무사히 그녀에게 도착할 수 있었고 정환은 빨간 신호 때문에 결국 한 발 늦게 그녀에게 가게 되고, 친구가 갖게 된 절호의 기회를 뺏을 수가 없어서 조용히 포기의 순간을 맞는다. 사랑도 결국 타이밍이라는 생각을 하며, 정환이 가슴 아파하는 장면이었다.

하지만 택이는 운이 좋아 덕선에게 먼저 갈 수 있었던 것이 아니었다. 그는 바둑 기사로 아주 중요한 대국을 포기하는 커다란 손실을 감수하고 달려간 것이다. 즉, 사랑이란 내게 아주 중요한 것을 포기하고서라도 상대에게 달려가는 것이다. 가장 소중한 내 것을 놓고 나서야 얻을 수 있는 것이 사랑이 아닐까.

당신은 누군가를 얼마나 사랑했었던가 떠올려보기를 바란다. 물론 여성들은 특히 감수성이 높은 여성들은 사랑받는 느낌이 너무 좋아서 상대를 위해 너무 많이 버리는 것이 오히려 문제일 수도 있겠다. 〈응답하라 1988〉의 덕선은 그래도 복 많은 캐릭터이다. 사랑을 충분히 받았고, 남자에게 정말로 필요한 존재이기도 했으니 말이다. 당신은 누군가에게 충분히 사랑받았는가? 당신은 누군가를 정말로 사랑했는가?

우리는 첫사랑 그 남자와 결혼하여 예쁘게 좋은 아내로 살아가고 싶었을 것이다. 너무 화려한 삶을 살지는 못하더라도 내 사랑이 슬프지는 않기를 바랐을 것이다. 〈응답하라 1988〉은 첫사랑이 무난히 성공한 예쁜 드라마다. 그러나 실제로 우리들의 첫사랑은 무엇을 닮았을까? 〈건축학개론〉의 주인공은 자신을 첫사랑으로 기억하는 사람과 열정적인 사랑을 하지 못했고, 이혼하고 나서 홀로 되고 나서야 그 첫사랑이 소중하고 감사했지만, 누군가의 남편이 될 준비를 하고 있는 그를 쓸쓸하게 바라봐야 했다.

더 아픈 사랑은 프랑스 영화 〈까미유 끌로델〉에 있다. 로댕의 모델이고, 로댕을 사랑했던 까미유 끌로델은 자신의 작품세계도 뒤로한 채 사랑하는 남자에게 온통 기댔지만, 결국 정신병원에서 인생을 마무리하면서 예술가로도 여인으로도 결실을 제대로 못 본 마음 아픈 캐릭터다. 물론 영화를 통해 픽션이 더해졌을 까미유 끌로델의 모습일 것이므로 실제 로댕과 그녀와의 관계를 정확히 알 수는 없다. 하지만 그들의 사실 여부를 떠나서 우리들이 현실에서 나누는 사랑에는 아픈 사랑이 생각보다 무척이나 많다.

사랑은 어쨌든 인간이 나누는 가장 아름다운 행위이다. 가장 아름다운 순간은 사랑하고 사랑받고 있을 때일 것이다. 여러분들이 사랑하고 있을 때의 사진을 다시 한 번 꺼내보길 바란다. 그러나 나는 사랑을 잘 유지할 수 있었던가?

사회 심리학자 프롬Erich Fromm은 〈사랑의 기술〉에서 사랑을 잘 하는 첫 번째 기술로 독립성의 유지를 들었다. 사랑도 가장 기본은 나 홀로 설 수 있는가의 문제인 것이다. 사랑하는 그에게 있어 내가 매우 든든하고 기쁘고 소중한 존재가 되는 것이야말로 가장 큰 선물이다. 설사 사랑하는 그와 떨어져 있다 하더라도 나만의 세계를 구축할 수 있는 것은 사랑을 잘 이루어내는 가장 기본적인 요건이 되는 것이다. 내가 나라는 존재성으로 세상을 살아갈 수 있는 기본적인 힘을 구축한 후에 누군가를 사랑하는 단계가 다음에 따라와야 한다. '사랑밖에 난 몰라'는 식으로 오직 두 사람 관계 안에서만 나를 느낀다면 건강한 상태는 아니다. 사랑을 덜 하라는 것이 아니다. 사랑을 해도 나는 나, 존재감을 가지라는 것이다.

그 다음에는 나라는 존재의 장점도 단점도 수용하는 것이다. 나는 나에 대해 잘 알고, 나 자신을 인정해야 한다. 내 장점을 인정하고 단점도 알고 인정해야 한다. 그리고 나서 상대방을 잘 알고 상대방의 장점과 단점 또한 인정해야 한다. 상대방을 있는 그대로 인정해야 하는데, 내가 보고 싶은 모습만 바라보고 사랑하다가 내가 모르고 있던 상대방의 모습을 보고는 실망했다고 말하는 것은 사랑의 기술이 부족한 것이다.

그 다음 단계가 내가 원하는 것을 표현하는 것이다. 내가 좋아하는 것과 싫은 것, 내가 원하는 것을 정확히 표현하는 것이 중요하다. 상대방을 나쁘다고 표현하는 것이 아니고, 내가 원하는 것이 이루어지지 않아서 내 자신이 속상하다는 것이 맞는 표현이다. 예를 들어 "나는 당신이 나를 사랑한다고 말해주고, 더 자주 안아주고, 더 자주 함께 놀러 다니고 더 자주 맛있는 것을 함께 먹었으면 좋겠는데, 내가 원하는 만큼이 아니어서 속상하고 안타까워"라고 말해야 한다.

그리고 상대방이 원하는 것을 잘 알고, 상대방이 원하는 것을 표현해줄 수 있어야 한다. 상대방이 원하는 사랑의 방식은 나의 방식과 다를 수 있다. 그 방식은 옳고 그른 것이 아니다. 그냥 수용해야 할 현실일 뿐이다. 그 사랑을 인정하고 그가 원하는 것을 해줄 수 있다면 그들은 사랑의 고수일 것이다.

의외로 사랑의 고수는 많지가 않다. 이 나이에 아직도 사랑을 잘 할 줄 모르는 우리가 좀 안타깝지 않은가. 한 가지 직업을 한 십 년 정도 계속하면 프로라고 말하기도 하는데, 우리는 사랑을 도대체 몇 년간 해왔는가. 십 대 중반부터 여러 사람을 사랑해보았거나, 한 사람을 삼십 년도 더 넘게 사랑하고 있다고 말할 사람들이 많지 않은가. 그런데 당신은 사랑의 고수인가.

우리, 사랑하자. 처음 사랑하는 것과 같은 설레임과 무모한 믿음으로. 그러나 우리, 사랑하자. 아주 세련된 기술자처럼 사랑하자. 날 것으로 사랑하다 상처입지 말고, **사랑도 요리하는 것처럼 정확한 레시피에 따라 제대로 하자. 그래서 더 행복해지도록 하자.**

쇼윈도 부부로 사는 것이
정말 행복할까

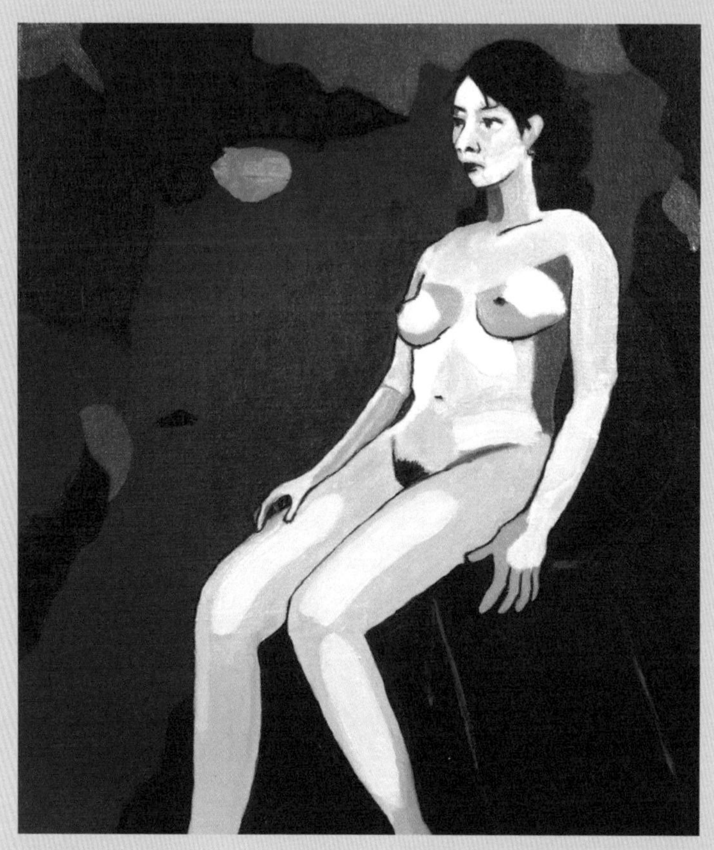

✤ 여인

〈여인〉은 내 그림 중 가장 아름다운 여인의 누드 작품이다. 이 그림은 이상하게도 여러 번 수정을 하게 되었다. 얼굴도 여러 번 고쳤고, 피부 색도 여러 번 고쳤다. 결국에 완성이라고 내놓은 그림은 눈도 크고 얼굴은 계란형이며, 몸매도 참 예쁘다. 나도 이런 예쁜 여자이고 싶어했던 것 같다. 그러나 미인이란 어떤 모습인가. '나는 왜 미인을 그리고 있지'라는 생각을 여러 번 했었다. 그리고 내 심상 속에 있는 미인의 모습이 확실하지 않아서인지, 미인을 그려내는 데에는 여러 번의 수정이 필요했다. 그러면서 내가 그리고 싶은 가장 예쁜 여자를 표현하는 것으로 마무리를 지어 보았다.

쇼윈도 부부란 남들에게 부부로 보이지만, 둘의 정서적 관계는 이미 타인이거나 증오하는 관계인 부부를 말한다. 낯선 단어도 아니다. 내가 알고 있는 분은 남편의 외도로 부부 사이가 늘 좋지 않았다. 그러나 남편의 사회 활동을 위해 다양한 부부 동반 모임에 함께했고, 시댁 모임도 함께했다. 남편은 그것을 너무나 당연히 여겼다. 그들의 부부관계는 거의 비즈니스 차원이었다. 결국 둘은 긴 결혼 관계를 끝내고 법적으로도 남남이 되었지만, 현재도 전남편은 아내가 여전히 자신의 아내로 모임에 참석해주기를 원하기도 한다는 것이다. 공식적으로 이혼을 공표하지 않고 조용히 법적 이혼 절차를 걸쳤기 때문에 남편이 계속 자신의 사회활동에 전 아내를 동반하기를 원하는 것이다. 참 이해하기 어려운 상황이지만, 부부가 애정 없이도 사회생활을 함께해서 경제적 이득이나 사회적 조직망을 유지하기 위한 오랜 동반자 관계를 유지하다 보니 이해할 수 없는 상황을 만들기도 하는 것 같다.

쇼윈도 부부로 사는 사람들은 왜 그럴까? 혹시 주변에 그런 지인이 있거나 자신이 그런 상황이라면 그 이유를 곰곰이 따져보자. 아이들이 부부관계를 유지하기를 원한다. 그리고 나는 아이들을 실망시키거나 불편하게 하고 싶지 않다. 또 나는 남편의 아내로서 누리는 사회적 지위를 유지하고 싶고, 경제적으로도 남편의 소득을 공유하고 싶다. 그래서 나는 이혼하지 않으며, 허울뿐이지만 남들에게는 정상적인 부부로 보여지기 위한 행동을 계속한다.

그렇게 사는 쇼윈도 부부가 행복할까? 부부가 결혼을 선택할 때는 남에게 보이기 위해서나 경제적 이득만을 위해 결혼을 결정하는 사람은 드물 것이다. 대부분은 사회적으로 건강하게 기능한 사람과 결혼하여 진심으로 사랑하고 함께 둘의 아이를 낳아 예쁘게 키우고자 했을 것이다. 그러나 여러 가지 문제로 관계는 소원해진다. 어쩌면 어린 시절 생긴 트라우마가 나를 너무나 거칠고 차가운 마음을 갖게 만들어 상대방으로 하여금 다가와서 쉬려다가 결국 상처를 입고 떠나게 했을 수도 있다. 또는 자신의 가족에 대한 지나친 책임감이나 애착, 우유부단함으로 배우자를 지치게 하여 둘의 관계가 얼어버렸을 수도 있겠다. 어쨌든 마음이 떠난 부부의 그 이후 행보 또한 주목할 만하다.

당신은 어떠한가? 상대방으로 인해 마음이 상했지만 끊임없이 이해하려고 하고 다시 사랑하려고 노력했던가. 기도를 열심히 해보기도 하고 상대에게 적극적으로 다가가서 관계를 회복하려고 시도했던가. 얼마나 했던가. 얼마나 열심히 했던가. 나는 내가 이룬 가정을 열심히 지켜가는 것이 우리들이 할 수 있는 가장 소중한 노력이라고 생각한다.

그러나 그러기에는 노력이 허망하게 여겨지는 부부관계도 있다. 남편의 오래된 열등감이나 분노가 너무 병리적일 때 아내는 남편의 신체적·언어적 폭력, 구속, 방치, 갈취, 배신 등으로 함께 병들어갈 수도 있다. 이럴 때 당신은 어떻게 할 것인가. 아이들마저 그러한 문제에 함께 노출된다면 어떻게 할 것인가. 어떤 때는 이혼이 최선은 아니지만 해법이 되기도 하는 상황도 많다. 때로는 이혼을 선택하는 용기와 이혼 후에 건강하게 새 출발할 용기도 필요하다고 생각한다.

아마도 행복한 부부관계를 유지하는 데 실패하고 포기를 선언한 부부가 선택하는 또 하나의 방법이 쇼윈도 부부로 살기가 아닐까. 〈굿 와이프〉라는 드라마에서 전도연이 연기한 여자 주인공은 촉망받던 사법연수원 시절 선배 법조인인 남자친구의 교통사고 과실을 자신이 떠맡으면서, 법조인의 길이 아닌 유능한 검사의 아내로, 평범한 전업주부이자 엄마로 기꺼이 살아간다. 그러나 남편은 죄책감 없이 다른 여자들을 사귀기도 하면서 자신만이 성공가도로 향한다.

어느 날, 아내는 남편의 외도와 비윤리적인 행위를 알아채고 엄청난 회한과 번민에 빠진다. 그리고 가정의 경제적 문제를 위해서라도 사회생활에 복귀한다. 그곳에서 옛 친구의 현실적 지원과 정서적 지지를 받으면서 갈등에 빠진다. 이제는 사랑하지 않는 남편과 여자로 다시 한 번 행복을 느끼게 해주는 남자친구의 사이에서 엄마이고 유부녀인 자신이 할 수 있는 선택이 무엇일까에 대한 번민에 빠지는 것이다. 여자 주인공이 했던 대사가 기억에 남는다. "내가 이혼하지 말아야 할 이유를 나에게 물어봤어. 아이를 위해서 내가 이혼을 하지 않아야 하는 것은 알겠어. 그리고 남편도 내게 다시 잘해보자고 말하고 있어. 사회적으로도 이혼하지 않아야 되는 것도 알겠어. 그런데 나를 위해서 내가 이혼하지 말아야 할 이유는 하나도 찾을 수가 없었어."

이 대목에서 우리는 자신에게 물어보자. 내 엄마로서의 역할 등으로는 결혼생활을 유지해야 하지만, 인간으로 여자로 나는 결혼생활을 유지하는 것이 전혀 나의 행복과 삶의 만족에 도움이 되지 않는다면, 당신은 무엇을 선택할 것인가. 이 드라마에서는 여자 주인공이 남자친구와의 연애관계를 선택한다. 나는 엄마나 사회인으로서의 선택만큼 인간으로서의 선택도 중요하다고 생각한다. 여자주인공의 외도는 이해하기에 충분하다. 아마도 많은 여성들이 이 드라마를 보았다면, '나에게 저런 멋지고 유능한 남자친구가 와준다면 나도 저렇게 사랑을 선택할 것 같아'라고 공감할 것이라고 생각한다.

그러나 참 아픈 대목이 연애를 과감히 선택하는 여자 주인공이지만, 남편의 성공을 위해 부부관계는 유지되고, 계속해서 남편의 아내로 활동하기도 한다는 것이다. 우리가 원하는 것은 진실을 위해 사랑을 위해 과감히 이혼을 추진하고, 사회에 나는 내 남편과 이혼했으며 이제 나는 남편과 상관없다고 선언하는 것이지 않을까? 그러나 드라마에서의 그녀는 여전히 남편의 아내라는 연기를 천연덕스럽게 한다는 것이다. 결국은 쇼윈도 부부로 남지만, 내 사랑은 선택하겠다는 타협을 하고야 만다. 그래서 우리는 쇼윈도 부부도, 외도도 이해할 수는 있다. 간통죄까지 폐지된 상황이 아닌가.

또 하나의 형태가 졸혼卒婚이라는 것이다. 결혼제도를 졸업하겠다는 의미인데, 서로 이제 간섭하지 않고 각자의 삶을 산다는 것이다. 이러한 졸혼은 이혼 전의 임시적 단계일 수도 있고, 유럽의 평생 동거처럼 장기간의 특이한 인간관계로 지속될 수도 있다. 어떤 여성이 이혼을 하면서 나는 앞으로 모든 결혼제도 자체에서 졸업하겠다는 의지로 졸혼하였다고 표현하는 것을 들은 적도 있다. 졸혼이 이혼 이전 단계인지 독립적인 단계인지는 가정마다 다르겠다. 이혼하고 졸혼도 한 그 여성은 앞으로 연애는 해도 결혼은 하지 않겠다는 의지로 결혼의 구속적 속성에 대해 힘들었다는 표현을 한 것이다. 결혼이 얼마나 힘든가를 보여주는 한 예일 수도 있다.

더 복잡한 것이 이혼하지 않고 졸혼한 부부이다. 이들의 외도는 배우자에게는 문제가 안 될 수도 있겠다. 서로 구속하지 않겠다고 선언한 것이니까. 그러나 외도와 별거를 인정한 상태의 부부에게는 무엇이 남는 것인가. 자녀들에 대해 의논하고 자녀들과의 만남은 지속하고 자녀들의 결혼, 생일 등 각종 의미 있는 행사에 동반 참석하고, 또 생활비 등의 경제적 문제를 지원받는 것으로 이들의 삶은 충분할 것인가. 쇼윈도 부부의 대표적인 양상인 졸혼한 부부의 형태가 앞으로 한국 사회에 얼마나 더 증가할지는 정확히 모르겠지만, 조금씩 증가할 것이라는 전망은 조심스럽게 해볼 수 있다.

남자들의 주목을 받는 아름다운 여자, 미인의 삶은 어떨까. 과연 우리 보통 여자들이 추측하는 대로 화려하고 부러운 삶일까? 내 결론은 이렇다. 이런 예쁜 여자가 다 사랑받는 것은 아니다. 우리는 미인이 되고 싶다. 물론 미인이 되면 여자들의 부러움을 살 수도 있고, 사람들의 호감을 얻기도 쉽다. 그러나 우리가 미인이 되고 싶은 진짜 이유는 사랑받고 싶은 것이다. 그러나 미인이 다 사랑받을까. 미인도 쇼윈도 부부로 살아갈 확률은 똑같다. 우리는 미인이 되려고 노력하기보다 사랑하며 살기 위해 노력해야 한다. 사랑은 받는 것이 아니라 하는 것이다. 사랑하기를 배우고 사랑하도록 노력하는 것이 필요하다.

사랑받고 사랑하며, 위로받고 위로하며 살고 싶은 당신. 옆에 남편이 있다면 생각해보자. 나는 지금 어떻게 살고 있는가. 나는 쇼윈도 부부인가. 나는 언젠가 졸혼을 꿈꾸는가. 나는 어떻게 해야 더 행복하다고 느낄까. 내가 해주고 싶은 말은 **당신은 더 행복해져야 한다는 것이고, 그 행복의 방법은 당신이 선택하는 것이다.**

불안과 우울로부터
지혜롭게 벗어나는 법

✤ 자화상 II

〈자화상 II〉에는 나는 우울에서 벗어날 수 있다는 자기 암시가 담겨 있다. 내 친구는 이 그림을 보고 "너는 왜 너를 좀 더 예쁘게 그리지 않았니?"라고 물었다. 그러나 나는 나를 밉게 생각하거나 나를 겸손하게 표현하려고 이렇게 그린 것이 아니다. 일부러 두 턱인 내 얼굴 살을 그려 넣고, 광대뼈와 주름도 과감히 강조해서 그렸다. 나는 이제 더 예쁜 여자의 모습보다 나이 들어가는 것을 부끄러워하지 않는 당당한 중년을 표현해보고 싶었다. 물론 아름다움을 무시하거나 포기했다는 말은 아니다. 나도 사랑받고 예쁘다는 말을 듣고 싶다. 그러나 억지로 주름을 없애고, 몸매 관리를 위해 짜증이 날 정도로 굶주리지는 않겠다는 선언을 하고 싶다. 조금씩 체중이 늘어가는 것을 받아들이면서 다양한 즐거움을 누리면서 중년 아줌마로 살아가겠다는 것이다. 우울에서 벗어나면 이러한 여유를 얻을 수 있다고 생각한다.

아동이나 청소년을 상담하다 보면 엄마의 양육태도가 자녀의 정서 상태에 많은 영향을 미치고 있음을 흔히 발견하게 된다. 자녀는 열심히 공부하여 본인이 느끼기에 자신의 성적이 꽤 많이 올랐다고 생각하는데 엄마는 그 정도 오른 것으로는 만족하지 못하여서 칭찬은커녕 더 잘했어야지라는 반응을 보이는 경우가 많다. 이보다 더해 꾸중을 하거나 제대로 공부를 하긴 했느냐는 식의 의심을 표현한 경우 자녀가 느끼는 실망감은 무척이나 크고 그 여파는 오래갈 게 분명하다.

당신들도 그런 어린 시절의 경험이 자신을 위축되고 소극적으로 만들었으며, 지금도 그렇게 인생을 살고 있다고 생각하고 있지 않은가?

엄마가 동생 앞에서 비난어린 표현을 자주 했고, 그것을 목격한 네 살이나 어린 동생이 자신을 병신이라고 쉽게 말해서 동생을 죽이고 싶다고 말하는 대학생을 상담한 적이 있다. 그 어머니는 어려서부터 항상 첫째에게만 심부름을 시켰고, 제대로 심부름을 마치지 못하면 동생이 있는 자리에서도 어린 아이에게 비난을 서슴지 않았었다. 그런데 어머니에게 그런 어린 시절 이야기를 하면 "내가 언제 그랬냐?"고 말한다는 것이다. 그에게는 너무나 아픈 말이었는데, 어머니는 기억조차 못하고 있다는 사실에 그 학생은 더 서운해했다.

그리고 동생이 자신을 형으로 인정하지 않는 상황에 대해 아주 오랜 기간 힘들어하고 있었지만, 동생 앞에서 형답게 말할 수가 없었다. 이상한 얘기 같지만, 내가 나를 인정하고 소중하게 여기기에 실패한 그 학생은 동생이 밉지만 동생에게 제대로 싫다는 표현도 못한 채로 살아가고 있다. 그는 결국 일상에서도 위축되고 학교에서도 수업만 듣고 집에서 많은 시간을 컴퓨터 앞에 앉아서 시간을 낭비한 채로 보내고 있다.

그 학생을 무능하고 무력한 학생으로 생활하게 한 원인은 무엇일까? 힘들게 자녀를 키워낸 어머니들의 노고를 알고 있는 우리들이 자녀의 무력감을 어머니의 탓이라고 말하자니, 속상한 감정이 모두에게 올라올 것 같다. 그러나 그 학생을 무력하게 만든 데는 그 어머니의 적절하지 못한 양육 행동이 매우 중요한 원인이다.

그런데 더 생각해봐야 할 것은 '엄마가 왜 그렇게 행동했을까'라는 것이다. 실제 그녀는 남편의 무시와 외도로 늘 우울했다. 그로 인해 몸과 마음이 극도로 무기력해져 있었던 상황에 처해 있었던 것이다. 그래서 둘째보다는 첫째에게 엄마가 할 많은 일들을 대신하게 했고, 엄마가 시키는 일을 해내기에는 너무 어렸고 눈치도 빠르지 못했던 첫째는 노력해도 엄마의 마음에 들도록 적절하게 행동할 수가 없었던 것이다.

문제는 우울증이다. 당신은 우울하지 않은가?

우울과는 거리가 멀어 보이는 씩씩하게 살아온 사람도 인생 중년은 우울하게 온다. 늘 위축되어 있던 사람도 마찬가지일 것이다. 자식들이 그 노고를 알아주면서 극복해보는 삶은 참으로 가슴이 따스하게 느껴진다. 당신은 우울하지 않은가? 당신은 어떻게 우울을 극복하고 있는가? 당신에게는 늘 한결같이 걱정해주는 남편이 있는가? 당신에게는 다정하고 당신의 고마움을 아는 자녀가 있는가?

혹시 이러한 질문에 이미 빈정이 좀 상하셨는가? 위의 질문들에 그렇다고 대답할 복 받은 인생은 그다지 많지 않다. 대부분의 우리들은 우울한데 걱정해주는 남편도, 싹수 있는 자녀도 드물다. 너무 억울하다. '내 우울증을 누가 극복해주나' 하는 생각에 더 우울해질 수도 있다. 그러나 "당신만 억울하지는 않다"는 말을 해주고 싶다.

셀리그만Martin Seligman은 학습된 무기력이라는 가설로 유명하다. 그는 개를 묶어두고 전기쇼크를 계속 주었더니, 문을 열어두고 전기쇼크를 주어도 개가 도망가지 않는 상황을 보여주었다. 이 실험을 통해, 그는 우울증은 무기력이 학습된 후 생기며, 우울증에 빠지면 삶을 적극적으로 헤쳐나갈 동기가 생기지 않아 스스로 건강성을 더욱 해치게 되는 악순환이 이루어진다고 설명한다.

당신의 우울은 언제 어떻게 발생했을까? 그 이유를 생각해보는 것도 중요하다. 원인을 알아야 나의 우울을 극복할 수 있는 명확한 처방을 낼 수 있기 때문이다. 어떠한 이유에서든 우울에 빠진 사람은 독특한 사고방식을 가지고 있다고 한다.

벡Aaron Beck은 우울의 인지삼제(우울로 이끄는 세 가지 생각)를 설명하고 있다. 즉 '나는 못났어. 나는 운이 나빠.', '미래가 밝을 리가 없어.', '내 주변 환경은 암울해. 바뀌지도 않을 거야.'라고 생각하는 패턴이 있으면, 우울증에 빠진다는 것이다. 당신은 자신과 환경, 미래에 대해 어떠한 생각을 하고 있는가?

우울한 나의 언니여, 우울한 나의 친구들, 동생들이여. 우리 우울하지만, 우울해하지 말자. 우울이 자동적으로 내게 다가와서 우울을 느꼈다 해도, 우울만으로 나의 시간을 다 써버리지는 말도록 하자. 우울이 내 친구라 해도, 내 친구는 우울만이어서는 안 된다.

우리들은 여러 감정들과 함께 가야 한다. 우울만 친구로 가다 보면, 나는 우울 그 자체가 된다. 우리의 놀라운 감수성이 나를 우울하게 하는 데 쓰지 말고, 도움이 필요한 우리의 이웃에 힘을 실어주는 데 쓰자. 우리는 자연스럽게 우울에 빠지지만, 우울에 너무 오래 머물지는 않도록 하자.

어설픈 자기애 대신
당당한 자존감 회복하기

✚ 여름의 휴식

〈여름의 휴식〉은 뜨거운 여름을 달래줄 이국적인 나무를 그린 것이다. 자신의 존재를 드러내기 위해 바쁘게 움직이는 당신, 우리에게 정말 필요한 것은 나 혼자만의 휴식인지 모르겠다. 뜨거운 햇볕은 온전히 참아내며 노동하여야 할 우리의 삶의 현장이기도 하다. 그러나 뜨거운 한낮의 햇볕에 농부들은 일손을 멈추고, 그늘에서 한숨 낮잠을 자기도 한다. 혹은 집으로 돌아와 점심을 먹고 한낮의 태양을 피한다. 그것이 삶의 지혜라고 생각한다. 남을 의식하면서 쉬지 않고 노력하는 것은 극도의 피로감을 줄 수 있다. 타인의 시선에서 벗어나 나 혼자만의 휴식이 필요하다. 그러한 휴식 중에 내면에서 들리는 욕구의 소리에 귀를 기울이는 것이 좋다. 나만의 욕구를 충족하다 보면, 타인에게 나의 가치를 알리기 위한 소모적인 활동을 많이 줄일 수 있다.

우리는 자기애에 빠져 있는 나르시스트가 아니다. 자신에게 반해 물에 빠져 죽는 나르시스가 우리들 모두에게 있지는 않을 것이다. 그러나 상당히 많은 사람들에게는 자기애적 성향이 있다.

혹시 사람들이 나를 싫어하는 것은 내가 너무 대단해서 나를 질투하는 것이라고 생각한다면, 그는 전형적인 자기애에 빠진 사람이다. 주변 사람들과 어울릴 때 항상 이야기의 중심에 서려고 하고, 사람들이 언제나 자신을 좋아하고 대단한 사람으로 여긴다고 생각하는 사람이 있는가. 그와 만나고 헤어졌을 때 공감을 받았거나 교감을 경험할 수 없었다면, 그저 그 사람의 자랑만 듣다가 헤어진 느낌이 든다면, 그 상대방은 자기애에 빠졌을 가능성이 매우 높다.

〈어린 왕자〉에 나오는 '허영심이 많은 사람이 살고 있는 별'을 방문한 어린 왕자가 했던 말이 기억에 남는다. 어린 왕자는 순순한 영혼을 가지고 있으므로, 그 아저씨가 원한다면 계속해서 아저씨의 인사법을 감탄해줄 수 있고 계속해서 열렬한 박수를 기꺼이 보내줄 수 있을 것이다. 어린 왕자는 그 아저씨에 대해 비난하지는 않았다. 다만 '참 이상한 아저씨야'라는 말을 남기고 그 별을 떠난다.

어린 왕자는 아주 작은 별에 살면서 쓸쓸할 때는 의자를 앞으로 당겨 해가 지는 모습을 지켜보았고 어떤 날은 수십 번 의자를 당겨 노을을 바라본 적도 있었다. 그리고 잘난척 하는 장미를 두고 친구를 만나러 여행을 떠난다. 남겨진 장미가 슬프지 않은 척 무심하게 이별을 견뎌내는 것, 허영심이 많은 사람이 친구가 왔는데도 친구를 만나기보다 자기의 모습에 빠져 있는 것은 그들이 어린 왕자처럼 자신의 외로움을 바라볼 자신이 없었을 수도 있다.

자기애는 다른 사람이 인정해주지 않고 교류해주지 않지만, 자기를 자신만이라도 사랑하려고 하는 집착이 낳은 모순일 것이다. 그러나 자신의 고립과 외로움을 인정하고 관심을 세상에 좀 둘 수 있어야만 건강하고 안정된 자기가 완성될 수 있다.

자기애에 빠지면 진정 나를 사랑할 사람을 만들기가 어렵다. 자기에게 아부하고 환심을 사려는 사람에게 이용당하기 쉽고 자신을 평범하게 진정으로 돌봐줄 수 있는 친구를 잃게도 된다.

인간은 실존적으로 외롭다. 인간은 본질적으로 혼자다. 그러나 주변에 외로운 인간들을 진심으로 사랑하면서 외로움을 해소해볼 수 있다. 내 안에 내가 너무나 많으면 그런 위로의 경험을 할 수 없기 때문에 참 안타까운 것 같다. 어린 왕자의 반응처럼 당신에게 찾아온 보물과 같은 사람들이 '참 이상한 사람이야' 하고 당신을 떠나버린다면 당신은 더 분주히 자신이 괜찮은 사람임을 증명하려고 애쓰겠지만, 그 노력을 인정해줄 사람이 없어서, 또 더 노력하는 악순환의 늪에 빠질 수 있다.

아들러Alfred Adler는 인간은 열등감에 빠지기 쉬우며, 이러한 열등감 때문에 우월성을 추구한다고 했다. 그래서 성실하고 열심히 세상을 살 동기를 획득할 수 있다고 하여 열등감의 긍정적 속성을 강조하였다. 그러나 열등감을 극복하지 못한 누군가는 병적 우월성을 추구하게 된다. 그것이 자기애의 모습과 닮아 있을 수 있다.

또 아들러는 심리적으로 건강한 사람은 열등감을 극복하고 일, 사랑, 우정을 성공적으로 누린다고 하였다. 열등감을 극복해야만 일을 할 수 있는 에너지도 생기고 타인에 대한 나눔과 배려를 할 수 있다. 그렇게 살 때 사회적으로 유용한 인간이 될 수 있다는 것이다.

당신은 일을 여유 있는 마음으로 해낼 수 있는가? 그리고 당신은 우정을 건강하게 누리고 있는가? 당신은 사랑을 건강하게 하고 있는가? 일과 사랑과 우정에 집착하지만 그 일과 사랑과 우정의 끝이 실패로 끝나고 있다면, 당신은 자기애를 극복하지 못한 것이 아닌지 한번 검토해보자. 당신은 자신에 대한 열등감을 극복했는지 한번 분석해보자.

캐빈 코스트너 주연의 〈늑대와 춤을〉이라는 미국 영화에 인디언들의 이름이 독특해서 기억에 아직 남아 있다. 여자 주인공은 영어를 할 수 있는 유일한 인디언이었는데, 주인공과 인디언 부족을 연결해주고 미국인인 주인공과 사랑에 빠진다. 그 여인의 이름은 '주먹 쥐고 일어서'였다. 그 여인이 어린 시절 친구들의 놀림을 극복하기 위해 주먹을 쥐고 일어서는 모습이 강렬하게 남아서 부족의 어른이 그녀에게 지어준 이름이었다. 누구나 그러한 이름을 가지고 산다면, 우리들은 참으로 인생의 소용돌이에 힘 있게 대처할 수 있을 것이라는 생각도 든다.

당신은 인생의 찬바람을 온통 견디며 어두운 겨울 들판을 온전히 걸어서 건너본 적이 있는가. 나는 고등학교 동창들과 겨울 산행을 했던 때를 간혹 떠올려본다.

학력고사를 마친 그 겨울, 우리 반 친구들 일곱 명이 강원도에 놀러 갔을 때였다. 산행은 처음이었던 우리들은 냉동만두 한 봉지와 지금은 잘 사용하지 않는 버너와 코펠을 챙겨서 무작정 산을 걸어 올라갔었다. 우리들은 통제 구역이라는 팻말을 못 보고 지나쳤고, 무심히 올라가다가 눈을 만나게 되었다. 계속 눈은 내렸고, 쌓이는 눈에 가려져 등산로를 확인할 수가 없게 되었다.

오전 11시쯤 출발한 우리들은 오후 2시쯤 냉동만두를 끓여 먹었다. 눈을 퍼서 끓일 때의 즐거움이 지금도 생생하다. 눈은 녹고 나면 얼마 되지 않았기에 우리는 여러 번 냄비로 눈을 퍼 담아서야 만두가 잠길 정도의 물을 확보할 수가 있었고, 만두국도 아니고, 터진 만두죽처럼 된 음식을 먹으면서 깔깔거렸다.

일곱 명의 여자 아이들이 겁에 질린 것은 오후 4시 이후였던 것 같다. 그제서야 생각해보니 우리들이 산행을 시작하고 나서 단 한 명의 사람도 만나지 못했고, 우리들은 같은 곳을 뱅뱅 돌고 있었던 것이다. 아이들의 얼굴에는 서서히 웃음이 없어져갔고, 점차 힘들어졌다. 온통 눈으로 뒤덮힌 그 산 속에서 우리는 아무 곳에도 앉을 수가 없었다. 앉으면 엉덩이가 젖을 것이고, 젖으면 몸이 얼 것이기 때문이었다.

나무에 기대어 쉬다가 걷기를 반복하면서, 우리들은 몹시 피곤해졌다. 그나마 체력이 제일 낫다는 나는 맨 뒤를 책임지기로 했다. 맨 뒤에서 아이들을 따라가며 보는 겨울 산의 눈은 마력이 있었다. 피곤한 다리로 하늘과 눈 덮힌 산을 보고 있으면, 악마의 음성이 "여기서 쉬었다 가. 누우면 너무 편안할 거야. 차갑지 않아. 아주 따스할 걸. 눈이 솜이불같이 생겼잖아. 누워봐."라고 말하면서 자꾸 나를 유혹하는 것 같았다. 나는 진심으로 누워서 쉬고 싶었고, 그래서 사람들이 이러다 죽을 수 있구나 하는 것을 그때 절실하게 이해했다.

그래도 나는 아이들과 보폭을 멀리 하지 않으려고 애를 썼고, 산골에 살고 계시던 아저씨가 우연히 지나가다가 우리를 발견하고서야 위험한 산행을 정리할 수 있었다. 아저씨는 통제구역을 눈이 오는데 왜 들어왔냐고 야단을 치셨다. 우리는 아저씨의 그 말씀을 듣고서야 왜 하루 종일 사람들을 만날 수 없었는지 알 수 있었다. 산을 내려왔을 때는 완전히 어두웠고, 우리는 정말 추위와 배고픔으로 거지가 따로 없었다.

나는 열아홉 살 때의 이 산행의 기억을 가끔 떠올린다. 그날의 죽음과 맞바꿀 수도 있을 만큼의 눈의 유혹도 잊을 수 없다. 가끔 사람들과 부대끼며 피곤하게 살아가면서도, 왜 사람이 어떤 순간에 절대적으로 필요한지 가장 잘 알 수 있었던 날이었다.

우리는 실존적으로 혼자 이 세상에 왔다가 혼자 이 세상을 떠나야 하는 존재다. 그러나 내 고통을 함께할 친구도, 우연히 지나가다 나를 도와줄 사람도 필요하다. 우리가 항상 남을 도와줄 수는 없다. 그러나 가능하면 열심히 서로 도움을 주고받으며 사는 인생이 훨씬 좋다. 자기애에서 빠져 나올 수 있는 방법도 이것이다.

당신이 만약 자기애에 빠져서 다른 사람들과 교류하지 못하고 있다면, 그리고 다른 사람에게 관심이 없고 자신의 진짜 감정에도 무심하다면 삶을 바꾸어보기를 바란다. 자신은 상처가 없고 세상에 관심이 없다고 말하지 말자. 자기애가 보여주는 무심함은 사람들에게 반감을 준다. 그리고 자기애자들은 외롭게 주변인이 될 수밖에 없다. 아이러니가 아닌가. 주인공이라고 주장하는 자기애자들이 영원한 주변인이 되고 있는 현실이.

소심하지만 아름다운 그대여. 주먹 쥐고 일어서자. 누구나 상처가 있다. 상처의 차이는 있지만, 누구나 상처는 있다. 상처는 주먹 쥐고 일어나서 그곳을 벗어나야지만 상처의 치유가 시작된다. 상처가 남아서 과거를 떠올린들 상처 속에 주저앉아 있는 것보다는 낫지 않은가. 이제 일어나자. 그만.

차이로 인해 상처받기보다는
차이를 인정하는 편이 낫다

✚ 하늘이 보이는 나무 풍경

〈하늘이 보이는 나무 풍경〉은 나무와 하늘이 어우러진 조화로운 모습을 그려본 것이다. 나무가 홀로 잎이 무성한 것보다 잎이 떨어진 나무가 온전히 하늘을 바라보고 있을 때, 어쩌면 나와 너의 어울림과 공존을 가장 잘 이해하지 않을까. 나무는 새싹을 피우고 꽃을 피우고 열매를 맺고 잎을 떨어뜨리는 생명 활동을 무수히 쉬지 않고 해낸다. 그러한 자체 생명 활동을 통해 그 존재의 의미를 살려낸다. 그러나 잎을 다 떨군 나무는 나체의 모습으로도 뿌리를 통해 자연과 교감한다. 그리고 저 멀리 하늘과 대화하면서 한 해 세상살이에 대한 평가와 더 나은 내년을 계획할 것이다.

얼마 전 대학의 홈커밍데이를 다녀왔다. 내가 대학에 입학한 지 삼십년이 된 해란다. 세월의 무상함을 정말 실감하는 날이었다. 각 학과 대표들의 인터뷰 영상을 보고 있는데 가슴이 쓰렸다. 이 의심할 여지없는 아줌마, 아저씨들이 나와 동갑 즈음의 사람들이란 말인가. 매일 보는 내 얼굴은 이미 익숙해져서 좀 더 후한 점수를 주었었던 것 같다. 한 스무 명쯤의 인사를 들으며, '아, 난 이제 정말 중년이구나' 하고 받아들일 수밖에 없었다.

어쩌다 중년이 되어버렸을까. 행사장 밖에는 우리들의 신입생 서류에 붙어 있던 증명사진을 스캔해서 옮겨다 벽을 장식해놓았다. 세심하게 우리들의 추억 찾기를 도와준 동문회에 감사한다. 증명사진들은 재수한 친구들을 제외하고는 대부분 고3 학력고사를 앞두고 있거나 대학입학 직전 급하게 찍은 것들이었다.

그 촌스러움이란 정말 실소를 자아내게 했다. 그러나 얼마나 촌스럽든, 살이 쪄 있든, 난민처럼 말라 있든, 젊다는 것만으로도 모두들 참 사랑스러운 모습이었다.

젊음은 이처럼 참 귀하고 부러운 것이다. 그러나 우리가 최고의 절정기였을 때, 자신이 정말 얼마나 아름다운지 그때는 알았을까. 그 때 우리는 자신의 초라한 모습을 들키지 않으려 애썼던 것은 아닐까.

내가 상담이란 단어를 떠올리면 꼭 스쳐지나가는 친구가 있다. 그 친구는 중 2때 우리 반이었다. 친구는 참 귀엽고 엉뚱하면서 착한 아이였다. 공부도 제법 잘 했다. 그 때 우리는 세 명이 꽤 친하게 지냈었고, 특히 그 친구와 나는 좀 더 자주 어울렸던 것 같다.

그 친구의 집은 학교에서 걸어서 5분도 채 안 걸렸고, 우리 집은 30분 정도 떨어져 있었기 때문에, 우리는 주로 그 친구 집에서 어울려 놀다가 헤어졌던 것 같다. 우리 셋은 키가 거의 비슷해서 짝꿍이거나 근처에 앉았고, 성적도 비슷해서 성적표를 함께 맞추어보기도 했다. 도토리 키재기였다. 지금 생각하면 내가 이상한 것인지 모르겠지만, 나는 그 친구가 나보다 성적이 조금 앞서도 기분이 나쁘지 않았던 것 같다. 나는 내가 공부를 아주 잘하거나, 잘해야 한다고 생각하지 않았던 것 같다.

중3이 되었다. 난 우리 셋이 계속 어울려 지내고 싶었지만, 아쉽게 각자 다른 반이 되었고, 특별한 이유 없이 자연스럽게 우리들은 새로 만난 친구들과 어울리며 멀어져갔다. 그래도 가끔 복도에서 만나면 우린 반가웠다. 그러다 셋 중 하나가 이사를 하면서 강남의 고등학교로 진학했고, 그 친구는 그 이후로 한번도 만난 적이 없었다. 학교 앞에 살던 그 친구도 이사와 함께 다른 고등학교에 진학했다. 얼마 후에 친구가 적응을 못 한다는 소문과 함께 중학교 때 살던 아파트로 다시 이사오면서, 내가 진학한 학교로 전학을 왔다. 그 친구의 소문이 자주 내 귀에 들렸다. 담임선생님에게 대들다가 많이 야단을 맞았다든지, 당시 노는 친구들이라고 불리던 아이들과 어울리며 담배를 피우고 이상한 곳에 드나든다는 그런 좋지 않은 것들이었다. 멀어지는 느낌과 걱정되는 느낌이 반복해 들면서, 친구를 만나러 가야겠다는 생각이 들곤 했었다.

전학온 지 두어 달 후, 결국 친구가 병원에 입원했다는 이야기가 들렸고, 퇴원하고도 학교를 나오지 않고 있다는 이야기도 들렸다. 그래서 걱정되는 마음에 그 친구의 집에 전화를 했고 친구의 언니가 집에 놀러오라고 해서, 수업이 끝나고 나 혼자 그 아이를 만나러 갔던 날이 기억난다.

친구는 좀 들떠 있었고, 나를 반갑게 맞아주었다. 중학교 때 어울려 놀던 기억을 나누며, 우리는 라면도 끓여 먹고 만화책을 같이 들추며 한 시간쯤 놀았던 것 같다. 나는 그 아이가 왜 정신 병원까지 갔을까 이해가 가지 않았다. 왜 담임선생님에게 대들었냐고 물어보기도 했었던 것 같다. 아이의 표정이 조금 어두워지더니 나에게 자기 옆에 오라고 했다. 나는 기다란 입식 거울 앞에 서 있던 친구에게 다가가 섰다. 그 때 그 친구가 "지금 네 얼굴과 내 얼굴이 바뀌었어"라고 신경질적으로 말하는 것이었다. 나는 처음에는 무슨 소리인가 싶어 애매한 표정으로 그 아이를 쳐다볼 수밖에 없었다. 그 아이가 나를 때리려고 달려들면서, '나는 뭔가 잘못되었구나. 얘가 정말 정상이 아니구나' 하고 놀라 친구의 집을 도망쳐 나왔다.

그때 그 집에는 친구 혼자만 있었고, 그날 있었던 일을 아는 사람은 나밖에 없었다. 몇 달 후, 그 아이가 병원에 다시 입원했다가 퇴원한 이후, 아파트 옥상에서 떨어져 자살했다는 이야기를 들었다. 내게 그 사건은 큰 충격이었다. 친구가 나를 쳐다보던 원망스럽고 화가 난 표정이 가끔씩 떠올랐다.

나는 지금도 가끔 그 친구를 생각하게 된다. 그 착하고 순진하던 친구가 왜 그렇게 힘들어하다 일찍 세상을 떠났을까. 상담심리를 공부하게 되면서, 나는 그 아이를 조금씩 이해해본다. 그 친구의 부모님은 엘리트셨고, 내가 몇 번 만났던 어머니는 말수가 적고 날카로워보이는 전문직 여성이었다. 그런데 이상하게도 남동생 둘에게는 늘 다정한 미소를 띄고 있었던 기억이 내게도 분명히 있다. 친구의 언니는 우리 중학교 때 수재 소리를 듣던 전교 1등의 우등생이었다.

지금 생각해보면, 인정받는 언니와 사랑받는 남동생들 사이에서 친구가 많이 외로웠던 것 같다. 친구가 고등학교에 입학하면서 성적이 떨어지게 되자 참아왔던 서운함이 쏟아졌던 것인지, 친구는 걷잡을 수 없이 변덕스러운 감정을 그대로 표출한 것 같다. 친구는 조울증의 전형적인 모습을 보였다고 생각된다. 조증일 때 친구는 거의 춤을 추듯 업되어 다니면서 선생님들에게도 거침없이 불만을 토로하는 모습을 보였고, 울증일 때 친구는 갑자기 살이 찌고 말이 줄어 있었다. 결국 친구는 초라한 자신의 모습을 인정하지 못해 자살을 선택한 것으로 생각된다.

그 친구가 항상 남들을 질투한 것만은 아닐 것이다. 내게 그렇게 화를 내고 공격성을 드러냈다고 그 친구가 나에게만 질투심을 가지고 있었던 것은 아닐 것이다. 그런데 그 친구는 왜 내게 자신과 나의 얼굴이 바뀌었다고까지 극단적으로 말했을까. 자신의 성적이 떨어진 것은 분명 내 탓이 아니었다. 그리고 그 아이가 성적이 떨어져 있던 만큼 중학교 때 내 성적이 나빴던 것도 아니었다. 그런데 왜 그렇게 친구는 우리 둘을 사실과 다르게 비교하면서 화를 냈을까.

물론 그 친구의 그때 상태는 정상이 아니었다. 그래서 극단적으로 왜곡된 생각에 사로잡혀 있었던 것이다. 내가 미안한 것은 늘 형제 속에서 불안하고 긴장된 생활을 하던 내 친구가 화를 낼 수 있었던 존재는 가족 밖의 학교 선생님과 친구가 아니었을까. 그런데 친구가 내게 화를 냈다고 내가 그 자리를 도망쳐버리면서 그 친구를 더 외롭게 만든 것이 아니었던가 하는 점이다.

굳이 변명하자면, 난 그때 열입곱 살의 어린 아이였으니까. 그런 상황을 생각해본 적도 들어본 적도 없이 갑자기 경험하게 되었으니까 당황한 것이었다. 그래도 친구에게 미안하다. 그 아이는 정말 순수하고 똑똑하고 착한 심성을 가졌었다. 친구가 짧게 살고 간 인생이 나는 지금도 가끔 떠오르면서 가슴이 아프다.

나는 나 자체로도 아름답고 분주하다. 그리고 나는 자연의 일부다. 내가 나의 것을 벗어던질 때, 나는 자연의 일부가 되어 자연과 교감할 수 있다. 친구에 대해 질투하는 데 많은 에너지를 쓰는 사람은 나 자체로 분주히 성장하는 모습을 보지 못할 수도 있다. 자연의 일부로 나를 성찰할 기회를 갖지 못했을 수도 있다. 친구는 친구의 나무를 가꾼 것이고, 나는 내 나무를 가꾼 것이다. 그리고 우리는 언젠가는 영원히 자연 속으로 소멸할 것이다. 친구는 내 경쟁 대상이 아니다. 친구는 바쁘고 버거운 삶을 살고 있는 또 하나의 나무인 것이다.

극단적으로 아팠던 그 친구까지는 아니어도, 우리는 내가 더 예쁘고 멋진 사람이었으면 하는 욕구가 있다. 그리고 내가 어쩔 수 없는 상황이었다 하더라도, 누군가가 나보다 더 예쁘거나 나보다 더 잘 나가거나, 나보다 더 돈이 많다거나, 나보다 더 사랑받으면 속이 상할 수 있다.

'부러우면 지는 거다'라는 말을 들어본 적이 있을 것이다. 부러워할 필요는 없다. 그럼에도 불구하고 우리는 부러워진다. 그러나 우리가 누군가를 질투하는 것은 내가 살아온 삶에 대한 나의 후회라고 생각한다. 내가 살아온 삶은 내가 선택한 최선의 삶이다. 다른 사람을 질투하기보다는 내가 원하는 삶이었는가를 다시 한 번 떠올려보자. 그리고 내 선택이 후회가 된다면 다시 우리 길을 가보자. 여기, 친구가 부러운 사람들. 내가 할 수 있는 새로운 것을 해보자. 그리고 내가 선택한 지금의 모습이 최선이었음을 쓰담쓰담 해주자.

사도 사도 또 사고 싶다면
당신은 혹시 쇼핑중독

✚망설임

〈망설임〉이라는 그림은 보라색의 몽환적인 누드화인데, 얼굴의 윤곽을 그려넣지 않았다. 실제로 심리검사 중 하나인 그림검사에서 얼굴의 눈, 코, 입을 그리지 않는 사람은 자기 정체성에 혼란이 있는 사람으로 평가하곤 한다. 그리고 소통에 문제가 있는 사람으로 볼 수도 있다. 얼굴에 표정이 드러나지 않는 사람과 이야기하고 관계를 맺고 싶은 사람은 없다. 그리고 여인의 손은 앞으로 얌전히 포개어져 있다. 손은 옆으로 자연스럽게 펼쳐지면서, 우리의 몸통이 움직이는 데 도움을 주어야 한다. 아직 옷을 입지 않은 여인이 손으로 가린 것은 자신의 치부다. 이 여인에게 적절한 옷이 입혀지는 것도 필요하다. 그래야 손을 펼치고, 편안하게 자신의 일에 집중할 것이다. 옷을 입지 않은 여인을 그린 것은 옷은 사람의 정체성이기 때문이다. 우리에게는 자신이 입을 옷을 결정하기 전에, 자신의 생김새를 살펴보는 시간이 잠시 필요할 것이다. 그리고 내가 무엇을 하고 싶은지를 정확히 파악하고, 내게 가장 적당한 옷을 선택해 입어야 한다. 그리고 표정이 완성되어야 한다. 그 과정을 설명하고 싶었다.

당신이 최근에 산 물건은 무엇인가? 가장 최근은 언제인가? 그 물건을 사기 바로 전에 물건을 산 것은 언제인가? 그것은 당신에게 정말 필요한 물건이었나? 그 물건을 사고 난 후에 후회하지는 않았는가?

구매 용품과 구매 패턴은 곧 그 사람을 반영한다. 당신이 한 달 동안 돈을 사용한 영역은 어디인가?

〈안녕하세요〉라는 프로그램을 보면 다양한 별난 사람들의 특이한 행동을 보여준 후, 그 사연을 보낸 사람이 그 사람으로 인해 얼마나 힘이 드는지를 공개적으로 말하며 공감을 얻어간다.

기억에 남는 사연이 있다. 아들이 온갖 종류의 앤티크 선풍기를 구입하여, 돈도 부담스럽고 공간이 선풍기로 가득 차서 불편하다고 말하는 부모의 경우였다. 아들이 각 선풍기의 제품 연도와 특성을 정확히 알고 설명해낼 때, 자기가 좋아하는 것에 대한 해박한 지식과 몰입이 신기하기도 하고 대단해 보이기까지 했다. 그런데 그 사연이 기억에 남는 것은 아이가 선풍기에 빠지게 된 과정에 대한 부분에서였다.

부모는 경제적인 문제로 맞벌이를 해야 했고, 아이는 부모와 함께 시간을 충분히 보낼 수가 없었다. 부모의 관심이 주어져야 하는 시간에 아이는 자신이 좋아하게 된 선풍기와 시간을 보내면서 대리 충족을 하고 있었던 셈이다. 진행자가 아이에게 원하는 것을 물었을 때, 부모님과 놀이동산에 가고 싶다고 답했다. '아무리 똑똑하고 별나 보이는 아이라 해도 아이는 역시 아이구나'라고 생각했다. 아이에게 그렇다면 놀이동산과 선풍기 둘 중에 하나를 선택하라고 했을 때, 아이는 놀랍게도 놀이동산이라고 대답했다.

우리가 무엇인가에 몰입해 있으면, 그것 자체에 의미를 생각해보게 된다. 그러나 그 무엇은 나의 욕구의 대리물일 가능성이 매우 높다. 그 아이는 엄마 아빠의 관심과 사랑을 얻을 때 느껴지는 기쁨을 희귀한 선풍기라는 대리 상징물로 채우고 있었다. 선풍기에 대한 지식을 어른들에게 자랑하면서 자신의 선풍기 사랑을 말하고 있지만, 진정으로 아이가 원하는 것은 부모의 사랑과 관심, 부모와 함께하는 시간일 것이다. 물론 선풍기에 대한 사랑은 아이를 엔지니어로 성장하게 해줄 수도 있고 관련 분야의 전문가가 되게 할 수도 있으니, 굳이 선풍기를 사랑하지 말라고 할 필요는 없다. 그러나 아이가 진정으로 원하는 것이 무엇인지 아는 것은 그 부모에게 매우 중요하다.

이제 우리 자신의 이야기로 들어가보자. 당신은 무엇을 그리도 사는가. 언제 그것을 사는가. 지나치게 사서 문제를 일으키지는 않는가.

내 경우에는 대개 옷을 산다. 비싼 옷을 사지 않으니 그것은 다행이다. 그러나 자주 사고, 비슷한 옷을 산다. 그리고 충동적으로 산다. 정말 필요한 옷도 물론 산다. 그러나 시간이 애매하게 남아 의류 매장을 지나가게 되면 대부분 사게 된다. 그리고 새로 파악한 나의 특성은, 잘 해내야 하는 부담스러운 일을 앞두고 있으면 시간이 없을 때도 차를 가지고 일단 의류 매장 주변을 무조건 한 바퀴 돌게 된다. 그리고 평소 좋아하는 매장 앞에 차를 세운다. 꼭 사야 할 옷이 있는 것은 아니다. 구입한 그 당일은 입지만, 며칠 지나고 보면, 디자인이 너무 튀거나 좀 뚱뚱해 보이는 스타일이어서 구매를 후회하기도 한다. 그리고 비슷한 스타일의 옷이 이미 있어서 살 필요가 없었던 옷도 있다. 그래서 비싼 옷들이 아니어서 그나마 다행이라고 위안한다 해도, 내 소비 행태는 반성이 필요하다. 또 일에 대한 스트레스가 내 충동구매의 가장 중요한 원인이라는 점은 반드시 해결해야 할 필요가 있다.

내 소비 행태를 반성하고 나의 행동 패턴을 바꾼다면, 앞으로 어떻게 하는 것이 옳은 방법일까?

내 경우에는 일을 줄여야 한다. 너무 많은 일을 하다 보니, 일이 쌓여서 우울하고 도망치고 싶어진다. 일을 줄이고 꼭 해야 할 일들만 한다면, 나는 스트레스를 상당히 줄일 수 있을 것이다. 그렇다면 의류 매장에 가는 횟수를 줄일 수 있을 것 같다.

일을 줄이려면 어떻게 해야 할까? 나는 거절을 해야 하고, 내 일과 사람들에 대한 책임감에서 조금 벗어나야 한다. 나는 누군가 내게 연구를 같이 하자고 하면, 그 연구를 놓치면 나만 학자로서 처지는 느낌이 순간적으로 든다. 그래서 다른 연구 일이 이미 잡혀 있는데도 일단 하겠다고 승낙을 하는 편이다. 그러면 연구에만 욕심을 내고, 나머지 활동을 줄여야 한다. 그리고 업무와 관련되어 있는 일을 내게 권하면, 그 일을 못 한다고 말하는 것이 내가 무능한 사람이거나 이기적인 사람으로 비쳐질 것 같은 불안이 올라온다. 그래서 나도 모르게 그 일을 맡게 된다. 그래서 각종 학교 보직 관련 일, 학회 봉사 일 등을 만들게 된다. 그 일을 하고 나면 너무 지쳐서 결국 연구를 할 시간을 확보할 수가 없다.

게다가 나를 만나고 싶어하는 내 친구들이나 가족 모임도 거절하기가 힘이 든다.

나는 기본적으로 놀기를 좋아하는 사람이다. 사람들에게 바쁘다고 거절하면 내가 잘난 척하는 것으로 보이거나, 그 사람에 대한 애정이 식었다고 여겨질 것 같은 불편함이 있다. 그래서 나는 각종 사교 모임에도 가급적 나가게 된다. 그러니 내가 연구를 할 시간을 확보하기가 참 어렵다. 그래서 나는 보통의 사람들보다 조금 덜 자고, 더 오래 컴퓨터 앞에 앉으려고 노력하지만, 항상 허덕인다. 늘 할 일이 많아서 마음이 편치 않다.

특히 연구 일이 가장 문제다. 그런데도 내 가족들과 제자들은 내가 좀 더 많은 시간을 함께 해주기를 바랄 때가 있다. 그러니 결론은 나는 일을 훨씬 더 줄여야 한다. 사람에 대한 욕심과 학자로서의 욕심도 우선순위를 정해 더 줄여야 한다. 나는 모든 사람에게 모든 욕구를 충족시킬 수 없으니 말이다. 내게 가장 소중한 일과 사람에게 집중해야 한다. 내 말이 수긍이 되는가?

이제 다시 쇼핑으로 돌아가보자. 다시 한 번 같은 질문을 해보자. 당신은 무엇을 그리도 사는가. 언제 그것을 사는가. 지나치게 사서 문제를 일으키지는 않는가. 그것을 샀다고 해서 당신의 마음이 완벽하게 채워졌는가.

내가 앞에서 나의 실제 예를 들어본 것처럼 당신도 자신에게 적용해보자. 나도 부끄러운 나를 고백하지 않았는가. 당신도 자신을 점검하고, 해결책을 만들어보자. 자신의 구매 패턴에 문제가 있다고 생각하는데, 그 해결책을 찾을 수 없거나 마음먹은 대로 되지 않는다면 상담자를 만나서 도움을 받는 것도 좋다.

중요한 것은 나를 알아야 한다는 것이다. 우리는 안다. 우리는 자신의 얼굴을 찾아내야 하고, 그 얼굴로 무엇을 어떻게 해야 할지 결정해야 한다. 여기에 혼란스러워하며, 아직 망설이고 있는 우리가 있다. 그러나 걱정하지 말자. 우리는 바로 여기에서 출발하여 찾아나갈 것이다. 나의 얼굴도 나의 욕구도 나의 행동도. 아직 시간은 충분하다.

그리고 쇼핑으로 그 욕구를 대치하지 말고 내가 원하는 것을 찾아야 한다. 더 이상 시간과 돈을 낭비할 수는 없다. 물건은 내가 원하는 것을 대신할 수 있는 완전체가 아니다. 물건을 사지 말고, 내가 소망하는 그것을 얻기 위해 용기를 내자. 대체물은 대체물일 뿐이다. 그래서 우리는 사고 또 사도 여전히 부족한 것이다. 샀는데 그게 진짜가 아니니, 잘못 샀다고 생각하고 또 사는 것이 아니겠는가.

그만 사자. 사기 위해 더 이상 돈도 에너지도 그만 쓰도록 하자. 내가 원하는 그것 하나만 열심히 노력해서 갖도록 하자. 그런데 아직도 혼란스러워하며, 아직 망설이고 있는 우리가 있다. 그래도 걱정하지 말자. 우리는 바로 여기에서 출발하여 찾아나갈 것이다. 나의 얼굴도, 나의 욕구도, 나의 행동도. 아직 시간은 충분하다.

이 불면의 밤은
언제쯤 끝날 수 있을까

✚단풍

〈단풍〉은 혼란스러운 감정의 소용돌이를 표현한 풍경 추상화다. 우리의 마음은 엉켜진 실타래처럼 떨어진 낙엽이 길바닥에서 엉켜 쌓여 있는 상태로 혼란스러울 때가 있다. 자주 그러기도 하고, 아주 오래 그럴 수도 있다. 우리는 혼란스러운 나를 감추기보다 혼란스러운 나를 정리해야 할 것이다. 한번도 흐트러져본 적 없는 사람보다, 엉킨 것들을 풀어보고 해결해본 사람이 갖는 삶의 이해와 삶에 대한 용기는 훨씬 더 깊고 강하다.

오늘 아침 일어났을 때 컨디션은 어땠나? 몸이 가벼웠나? 밤에 몇 번이나 깨었나? 피곤해서 잠자리에 들었지만 몇 시간이나 잠이 오지 않아 뒤척이다가, TV를 틀어보기도 하고 핸드폰을 들여다보기도 했었나? 중간에 잠에서 깼는데, 다시 자보려고 노력해도 잠이 오지 않아 괴로운 시간을 보냈는가? 그래서 당신은 지금 몹시 피곤한가?

지금 이러한 질문을 보며, 내 수면 패턴에 문제가 있다고 걱정하는 분들이 많을 것 같다. 가끔 우리는 중요한 일을 앞두고, 중요한 결정을 해야 하거나 후회스러운 일에 대해 생각을 정리해보느라 불면의 밤을 보낼 수는 있다. 급작스러운 스트레스는 우리 삶에 필연적인 것이라 피할 수도 없고 가끔은 잠을 자지 못하고 보내는 날도 있을 수 있다. 일시적 불면은 스트레스 상황이 지나가면 자연스럽게 해결된다.

이러한 일시적 불면은 누구에게나 발생하며 특별한 처방이 필요하지는 않는다. 걱정스러운 일이 지나가고 나면 다시 잘 수 있을 것이고, 잘 자고 나면 몸의 컨디션은 회복될 것이다. 이런 경우 걱정해야 할 것은 내 체력 상태일 것이다. 체력이 약한 사람은 하루만 자지 못해도 다음날 하루종일 매우 고통스러운 시간을 보내게 된다. 머리가 아프고 신경이 날카로워서 일상 생활을 무사히 해낼 수 없기도 하다. 체력이 약한 사람들은 잠을 충분하게 못 잔 다음날에는 일을 최소한으로 줄여 생활하고 일찍 귀가하여 평소 자는 시간에 잠자리에 들어서 일상의 리듬으로 복구하려고 애쓰는 것이 좋다.

일시적 불면이라도 어떤 날 잠을 잘 자지 못하는가를 생각해보는 것은 필요하다. 나의 경우에는 업무 스트레스가 과도해졌을 때다. 일정을 넘겨서 빨리 처리해야 할 일들이 누적되어 있는데 거기에 새로운 일이 갑자기 겹쳐오면, 이 일들이 잠자리에 들어서도 계속 머리를 떠나지 않는다. 그래서 머릿속으로 계속 업무를 보고 있다. 그러다 보면 잠에 빠지지 못하고, 다음 날 피곤한 컨디션으로 일을 하려니 집중력이 떨어져 일은 점점 더 쌓이게 되는 악순환이 계속될 때가 있다.

중요한 학회의 행사를 맡아 하다 보면, 개회식에 축사를 맡은 분들을 초청하는 일, 축사 원고를 받는 일, 내빈의 행사장 도착 점검, 의전 준비, 행사장 장비 점검 등 챙겨야 할 일들이 많다. 그렇다고 밤에 이 여러 가지 일들 중 직접 할 수 있는 일은 한 가지도 없다. 아침이 되어서 체크하기 위해 전화를 하고 메일을 보내야 하니, 아침까지 나는 내 몸을 충전하는 것이 합리적인 것이다. 나도 잘 안다. 그런데 내게 중요하다고 생각하는 행사일수록 그 일을 머릿속으로 리허설해보면서 밤새 문제를 점검하고 있다. 자야 될 시간에 말이다.

여러분은 어떤가. 우리들은 대부분 사서 고생이다. 그리고 인간은 합리적이며 이성적인 존재지만, 때로 어리석고 비이성적인 존재이다. 그래서 잘 하려다가 오히려 실수할 수도 있다. 편히 자든가, 지금 할 수 있는 일이 있다면 일어나서 해버리고 짧게라도 편히 자면 좋을 것이다. 앞날이 걱정인 분들은 해야 할 그 일들 중 한밤중이라도 할 수 있는 일을 찾아서 하라고 권하고 싶다.

더 큰 문제는 이미 지나버린 날들을 가슴에 담고 잠 못 이루거나, 이유를 모르겠는데 무작정 잠이 오지 않는 것이다. 기억나는 내담자 중에 몹시 착하고 순한 남자 대학생이 있었다. 그 학생은 절대 다른 사람에게 화를 내거나, 자기 주장을 강하게 하는 사람이 아니었다. 어느 날 그 학생이 지난 밤 꿈 이야기를 하였다. 꿈에 자신이 칼을 가지고 있었는데, 그 칼로 사람들을 베었다는 것이었다. 늘 얄미웠던 동생을 비롯하여 잘 알지도 못하는 사람들까지 마구 칼로 헤쳤다는 것이다. 알람 소리에 잠이 깨고난 첫 느낌이, 남은 몇 명을 다 죽이지 못하고 깨버린 것이 아쉬웠다는 것이다. 그래도 속이 후련했다고 하였다. 나는 좀 당황스럽기는 하였다. 평소 착하고 온순하던 사람이 후련하고 다 못 죽여 아쉽다니, 사이코패스들이 총기 난사하는 모습이 오버랩되면서 조금 섬뜩하기도 했다. 그러나 나는 이렇게 자신의 감정을 꿈으로라도 형상화시키고 자신의 감정을 솔직히 말할 수 있다는 것은 그 내담자가 건강해질 수 있는 여지가 많다고 판단했다.

우리는 상처를 입으면 아파하는 살아 있는 유기체다. 그런데 괜찮은 척하면, 그 상처가 어떤 상태인지 확인을 할 수가 없다. 그래서 상처를 회복하고 건강해지는 데에는 오히려 괜찮다고 말하는 것이 더 해로운 것이다. 프로이드Sigmund Freud는 인간은 자신의 무의식인 이드id를 표출했다가 세상에서 비난받을 것을 두려워해서 방어기제를 사용한다고 한다. 그 방어기제는 인간의 필연적 선택이지만, 지나친 방어기제는 자신의 욕구를 억압시키게 되어 계속 불안하고 불만족스러운 상태에 머무르게 만들 뿐이다.

그는 자신을 무시하는 동생이나 많은 사람들에게 화가 나 있었고, 나를 무시하지 말라고 말하고 싶은 것이다. 그래서 방어기제에서 벗어나, 자신의 분노 감정을 꿈 속에서 표출한 것이다. 물론 현실에서 사람을 죽인다면, 그는 희대의 살인마가 되어 일생을 철창 속에서 후회하며 보내게 될 것이다. 그러나 꿈에서 자신의 소망을 알아냈고 현실에서 자신과 타인을 해치지 않는 방법으로 그 소망을 이루는 방법을 찾아내 실제 소망을 이룰 수 있다면, 더 이상 분노와 불안으로 시간을 소모하지 않을 수 있다.

당신은 잠이 오지 않는 순간 어떤 해결되지 않은 감정에 싸여 있는 것은 아닐까, 어떤 이루지 못한 소망에 싸여 있는 것은 아닐까. 잠이 오지 않는 것은 많은 경우 심리적 문제에 기인한다. 당신이 잠이 오지 않을 때 당신에게 떠오른 일들은 무엇인가. 누워서도, 잠에 빠져도 나는 그 날의 일을 재연하고 있다면, 그 날의 아픈 상처를 애도해보는 것이 좋다.

사고사로 남편을 잃은 부인이 있었다. 그녀는 남편을 잃고 잠을 잘 수가 없었다. 일 주일간은 상을 치르고, 사망과 관련된 처리를 하느라 분주했고, 가족 모두가 잠을 잘 자지 못하고 있으므로 큰 문제는 아니었다. 그런데 일 주일이 지나고 이 주일이 지나도 거의 잠을 잘 수 없게 되자 부인은 약 처방을 받게 되었다. 급성 우울로 진단받은 것이었다. 그녀는 남편 사망 후 일 년이 지나도 약을 끊지는 못했다. 이제 급성 우울이라고 볼 수는 없고, 우울증에 대한 심리적 치료도 필요한 상황이었다.

그녀는 남편이 꿈에 나타나는 것이 두려웠다. 남편의 납골당을 찾을 수 없을 만큼 그녀는 남편을 떠올리는 것도 두려워했다. 수면제 없이는 잠을 잘 수가 없었고, 약을 먹은 상태에서는 오전에 일상의 일을 해내기가 어려웠다. 그녀는 남편이 아깝게 생명을 잃은 것에 대해 남편이 아쉬워할 것이라고 생각했고, 남편이 없는데 자신이 잘 살아가고 있다는 것에 죄책감을 가지고 있었다. 남편 없이 잘 살 자신도 없었다. 늘 남편과 함께했던 시간을 혼자 보내는 것이 혼란스럽고 공포스럽기까지 했다. 그녀는 남편을 따라 저 세상으로 가고 싶다는 생각도 했다.

그녀와 내가 했던 건, 남편에게 미안하다는 감정을 표현하기, 남편을 사랑했었고, 남편이 없는 것이 너무 힘들지만 살고 싶다는 감정을 표현하기였다. 그 다음에는 그녀가 이 세상에 살아야 할 이유와 세상에서 잘 살 권리와 의무에 대해 생각을 정리하기였다. 이런 과정을 여러 번 반복했다. 그녀는 남편이 사망하고 이 년 정도 되었을 때 약 없이 잠을 잘 수 있었고, 죽음에 대한 공포가 급습하고 슬픔이 급격히 올라오는 것을 조절하게 되었다. 그녀가 했던 일은 자기의 감정과 소망을 인식하고 받아들이는 것이었다.

그러니 엉망진창인 나를 너무 걱정하지 않아도 좋다. 누구나 잠 못 이루는 날들이 있다. 평생 잠이 잘 오는 사람의 단순함과 무감각함이 오히려 숨막히지 않은가. 우리는 남들이 보기에는 별 일 아닌 것 때문에 잠도 못 자고 고민한다. 그것이 인간이다. 고민했다는 것은 그만큼 세상과 주변과 자신을 걱정했다는 것이다. 그러니 걱정하는 나를 걱정하지는 말자.

좀 오래 헤매도 괜찮다. 그러나 나를 망가뜨리도록 고민하지는 말자. 우리 이제 자신을 조금 더 따뜻하게 다루도록 하자. 자책하고 후회하지 말자. 다음에 좀 더 잘 하면 되지 않겠나. 다음에는 같은 실수를 안 하면 되지 않는가. 그러니 이제 잠들자. 약 없이 나를 토닥토닥해주면서 자보도록 하자. 오늘 자지 않으면 내일 너무 피곤하고, 긴장되어 또 실수할 수도 있다. 푹 쉬고, 다음엔 조금만 더 잘 해내도록 해보자.

오늘도 잠 못 드는 그대여. 당신은 지금 흐트러져 있다. 그러나 걱정하지 말고, 내 소망이 뭔지 내가 나와 내 소중한 사람들을 위해 어떻게 해야 할지 정리해보자. **아직도 당신에게는 많은 날들이 남아 있고, 당신은 참으로 소중한 존재다.**

화와 분노를 에너지로 바꾸는 마음의 연습이 필요하다

✤ 가을 하늘의 풍경

〈가을 하늘의 풍경〉은 분주한 우리들의 가을걷이를 생각하며 그린 그림이다. 가을은 여름 내 무성해진 잎들과 결실맺은 열매가 그 흥망성쇠를 교체해야 하는 시기다. 즉, 내가 그토록 애써왔던 딸로서의 삶과 신참의 시간을 뒤로하고, 갑자기 엄마와 어른의 시간을 맞이하는 시기다. 하늘은 무심히도 파랗고 나뭇잎은 아름답게 단풍의 색을 뽐내지만, 이러한 외연의 풍요는 보여지는 겉모습이다. 내면에서는 나뭇잎이 그 당당한 풍채에 힘이 빠지면서 나무에게 이별을 고하기 시작한다. 그 우람한 자태가 갑자기 땅으로 추락하는 것을 지켜봐야 하는 것이 가을의 숙제다. 그리고 가을의 열매가 마지막 단맛을 더하게 하기 위해 나무는 부지런히 영양분을 날라야 한다. 그렇게 완성된 열매가 나무에서 떨어져나갈 때, 그 아쉬움을 무심히 이겨내야 하는 것도 나무의 숙제다.

한 이십 년은 된 것 같다. 상담 관련 워크숍에 참석한 적이 있었다. 그때 오십 대 여성 한 분이 자신의 어린 시절 이야기를 하면서 자신이 얼마나 힘들었는지 말하던 그 화난 목소리와 눈빛이 지워지지 않는다. 그분이 보여주었던 자신이 학대받은 흔적은 내게 충격이었다. 그분의 아버지와 할머니는 그녀의 어머니가 딸만 여덟을 낳고 아들을 낳지 못했다는 이유로 그녀의 어머니를 몹시 냉대하고 힘들게 했었던 것 같다. 아버지와 싸우고 난 다음 날이나 아버지가 집에 들어오시지 않은 다음 날 아침이면 어미니의 심기는 몹시 불편하였고, 그때 어머니의 짜증을 온통 받아내야 하는 일은 장녀였던 자신의 몫이었다는 것이다. 어머니가 다듬이로 본인을 심하게 때리고, 홧김에 인두로 그녀의 머리를 학대하기까지 했다는 것이다. 우리에게 보여준 그녀의 머릿속 일부는 아직도 머리카락이 나지 않고 있었다. 화상의 자국도 분명히 보였다.

나는 그때 초등학교도 들어가지 않은 두 아이를 키우는 상태였기 때문에 초등학교 저학년 때 인두로 당한 그분의 학대의 흔적을 보는데 가슴이 먹먹했다. 지금도 편하게 그런 말들을 써내려가기에는 힘이 든다. 어린 아이가 잘못하면 얼마나 잘못했다고 아이에게 그토록 혹독한 체벌을 할 수 있단 말인가. 그것도 자신의 친자식에게 꼭 그랬어야 했을까. 그녀가 제일 힘들었던 것은 아버지가 외박을 하면 아버지를 찾아오라고 잠도 깨지 않은 자신을 집 밖으로 내몬 것이었다고 했다. 아버지를 찾으러 집집마다 다닐 때의 수치심과 결국 술집 여주인과 함께 있는 아버지를 발견하였을 때의 혼란스러움, 아버지의 짜증을 겪어야 하는 불편함, 아버지에 대한 경멸감 등을 토로하면서 많이 우셨다.

결국 두 명의 남동생이 태어나고 나서야 어머니의 자리는 안전해졌고, 어머니의 짜증도 줄어들었단다. 아버지와 어머니가 지금은 언제 그랬느냐 싶게 평범한 부부로 늙어가고 있다고 했다. 문제는 어린 시절 고통스러웠던 그분의 가슴은 어린 시절을 그대로 각인하고 있었고, 그날의 감정을 자주 재연하고 있다는 사실이다.

심리학 강좌 중에 부모교육 프로그램 몇 가지가 있다. 많은 어머니들이 부모교육 프로그램을 수강하고 자녀교육에 참고하고 있는 것으로 알고 있다. 나 역시 부모교육 프로그램 강사이기도 하다. 나는 이 프로그램을 소개할 때 "올바른 자녀 지도를 몰라서 못 하는가, 하고 싶지 않아서 안 하는가"라는 생각할 거리를 내놓는다.

감수성이 부족하여, 자녀의 욕구를 이해하지 못했거나, 적절한 의사소통 방법을 몰라서 자녀에게 상처를 주는 말을 건네는 실수를 범하는 부모들은 부모교육 프로그램으로 자녀와 가정에 평화를 가져올 수 있다. 그러나 몰라서가 아니라 하고 싶지 않아서라면, 이 문제는 부모교육을 받아서 되는 문제가 아니라 내 마음의 상처를 치료받아야 하는 문제라고 생각한다.

다시 아까 그 여성의 경우, 어린 시절 학대의 기억은 강한 분노로 남아 있었던 것 같다. 그녀는 부모교육 과정에서 배운대로 평소에는 자녀들이나 주변 사람들에게 바른 언어 방식을 구사한다고 한다. 그런데 갑자기 화가 나면 그 언어 방식을 잊어버리고, 일단 화를 낸 다음에야 후회하게 된다는 것이다. 어쩌면 옳은 자녀지도를 안 하고 싶은 것이 아니라, 순간에 화가 나면 그 옳은 자녀지도법을 잊어버리고 마는 것이다.

왜 이성을 잃을까. 자신도 어머니의 지나친 학대로 상처 입었으면서 왜 자신의 자녀에게 심하게 화를 내는 것일까. 그리고는 또 후회하고 자책하게 되는 것일까. 불행히도 그 부인은 어린 시절 학대에 대한 치료를 받지 못했고, 다시 자신의 자녀에게 분노를 표출하는 언어 폭력의 대물림이 이루어지고 있는 것이다.

당신에게는 어떤 분노가 있는가. 무능한 아버지 대신해 하루 종일 시장에서 장사를 하는 어머니를 돕기 위해 초등학교 1학년 때부터 밥을 하고 동생들 도시락을 싸주며 자란 여성이 있었다. 살던 전세방의 보증금마저 빼가서 사업 자금으로 날려버리는 아버지가 지겨워 스무 살에 시집을 간 여성은 친정아버지와 비슷한 시아버지의 무리한 돈 요구로 신혼 초부터 힘든 갈등의 시간을 보냈고 남편의 외도를 목격하게 되었다. 남편의 외도도 기막힌데, 남편 핸드폰에서 자신을 경멸하고 음해하는 내연녀의 문자를 보고는 분노가 극에 달하게 되었다.

여성은 상담 내내 시종 이혼하고 싶다고 말했으나 이혼하고 혼자 살아갈 방도나 아이를 혼자 양육할 준비가 되어 있지는 않아서 이혼을 실행에 옮기지도 못하고 있었다. 게다가 여성은 남편에 대한 분노로 아이들에게 짜증과 체벌을 가하고 있었다. 그러다 잘못될 수도 있을 만큼 자제력을 잃고 자녀를 심하게 때린 적도 있었다.

분노는 사라지지 않고 내 몸 어딘가에 쌓여 있게 되는 것 같다. 그리고 분노를 자극하는 촉발 사건이 있으면, 그 순간 엄청나게 폭발하면서 나를 불태우는 속성이 있는 것 같다. 그 불은 나와 내 주변의 모든 것을 태워버린다. 결국 내가 어린 시절 속수무책으로 당했듯이 우리의 아이들이 그 고통을 감내하게 되는 경우가 태반이다.

그러나 아이에게 화를 발산하고 있을 때 그 부모도 매우 고통스러운 시간을 보내고 있었다는 말을 하고 싶은 것이다.

물론 그 분노는 최근에 갑자기 생긴 것은 아니다. 친정아버지의 이기적이고 무책임한 행동, 친정어머니의 냉정하고 장녀 역할만 강요하는 행동에 대한 분노를 해소하고 결혼했다면, 시아버지에 대한 분노가 그렇게 크게 나타나지 않을 수도 있었고, 남편과 신혼 초부터 그렇게 싸우기보다 더 현명하게 자신을 보호할 수도 있었을지 모른다.

여인이 남편과 덜 싸웠다면 남편이 외도하지 않았을 수도 있고, 적어도 아내를 험담하는 내연녀에게 남편이 그녀를 해명했을지도 모른다. 상담을 하다 보면 이런 사례는 수도 없이 많다. 자신도 모르는 사이에 어머니의 불행한 삶을 반복해 살면서 고통스러워하는 많은 여성을 만나게 된다.

우리는 화내고만 있기에는 쉬지 않고 세월을 마시고 있으며, 그래서 어른으로서 해야 할 과제를 눈앞에 두고 있다. 너무나 빠른 시간의 흐름에 우리는 참 어색하고 당황스럽다. 그래도 우리 어쩌다 어른이 되어 있다. 이제 화내고 싶어도, 내가 화를 내면 받아줄 그 날의 그 사람은 없거나 초라하게 늙어 있다. 그것이 인생이더라.

당신에게 하고 싶은 말이 있다. 화는 에너지다. 화가 있다는 것은 살아갈 힘이 있다는 말이다. 그러나 화는 잘 다루어야 좋은 에너지가 된다. 화병火病은 화를 내지도 못해서 생긴 것이다. 우리는 내 화의 근원을 알아야 한다. 내 과거의 분노는 내가 스스로 인식하고 풀어야 한다.

'우리 아버지와 어머니는 나에게 잘못했던 거야. 그분들을 이해할 수는 있지만 자식에게 그렇게 한 것은 잘못이야. 난 사과 받아 마땅해.' 그분들이 직접 말해주지 않더라도, 나는 나에게 말할 수 있다. "힘들고 억울했지? 그래 애썼어. 그리고 잘 살아남았어. 장하다." 고생해본 당신이 살아남은 보상으로 세상을 멋지게 다시 설계해보자.

분노는 내 현재의 삶을 내가 원하는 대로 기획하고 운영할 때 생산적 에너지로 전환되어 당신을 빛내줄 수 있다. 더 이상 엉뚱하게 자식이나 잡는 일에 분노를 표출하지 말도록 하자. 당신은 더 이상 화나 내는 심술쟁이 아줌마가 아니다.

거울을 보라. 나를 화나게 하는 일에 화내는 것은 당연하다. 그런데 아무한테나 화내고 후회를 반복하는 와중에 내 인상이 아예 사나운 모습으로 바뀌면 어떻게 하나. 나는 좋은 사람이다. 나는 남들과 나눌 수도 있고, 아름다운 사람이다. 다시 아름다워지자. 내 찌푸린 인상을 바꾸어 가보자. 내 하나밖에 없는 얼굴이여, 내 하나밖에 없는 삶이여.

건강 관리에 신경쓰되 건강 강박에서는 벗어날 것

✚슬픔

〈슬픔〉은 여자가 아닌, 중년 남자의 표정을 그렸다. 오랜 세월을 열심히 살아온 중년의 슬픔은 그 농도가 훨씬 진하다. 친구들이 각자의 집으로 돌아가버리고 내 엄마는 나를 불러주지 않을 때 느끼는 외로움도 슬픔이다. 친구들이 새로운 가정을 만들고 즐거운 가정을 만들어갈 때, 불 꺼진 나의 조그마한 집으로 찾아 들어갈 때의 외로움도 슬픔이다. 그러나 열심히 살아온 여정 끝에 갑자기 목격하게 되는 중년의 탄력 잃고 매력 없어진 자신의 몸을 바라보아야 할 때, 젊고 패기 넘치는 부하 직원의 도약을 바라보면서 주인공의 무대를 넘겨주어야 함을 느끼게 될 때, 우리는 목 놓아 울지는 않으나 가슴이 시리다. 이러한 슬픔을 우리는 경험한다. 그러나 짜증을 내거나 울컥해서 주사를 늘어놓지는 말자. 중년의 슬픔은 조용히 삭혀내는 것이 가장 아름답다.

당신의 몸 상태는 어떤가. 십 대부터 당신의 체중을 십 년 단위로 평균을 내어 한 번 체크해보라. 혹시 특정 질환을 가지고 있었던가. 내 몸에 대한 만족도를 십 년 단위로 체크해본다면 어떠한가. 특정 질환도 없이 내 몸의 만족도가 비교적 상上에 해당하는 인생을 살아왔다면 참 다행이다.

자, 이제 올해 나의 몸에 대해 점검해보자. 당신의 최근 몸의 변화는 어떠한가. 혹시 올해 건강검진 결과는 어떠한가. 건강 적신호가 뜨고 있지는 않은가. 몸의 체성분 분석을 해본다년 어넌가. 성상체중 안에 있는가. 단백질의 비율은 양호한가. 지방의 비율은 양호한가. 아직 걱정 없는 사람은 참 다행이다. 인생 건강 곡선도, 현재의 건강지수도 양호하고 만족스러우면서 특정 질환이 없다면 당신은 천운이거나 지금까지 건강관리를 참 잘한 사람이다.

100세 시대를 살아갈 것 같은 우리들이니 중년에 건강지수가 양호해야 할 것이다. 혹시 건강에 문제가 있다면, 적극적으로 대처하고 건강을 지키기 위한 건강한 생활 습관을 형성하도록 노력해야 할 것이다. 몸이 건강하지 않고는 마음의 평화도 만족도 당연히 떨어질 것이니, 건강을 지키는 것은 삶의 가장 기본인 셈이다.

나이를 먹으니 각종 폴립들이 부지런히 우리 몸 여기저기에 자리를 잡는다. 건강검진에서 처음으로 종양들이 보였을 때는 심장이 쿵 하고 떨어지고, 가족들에게 전화하여 마치 암 3기를 진단받은 것처럼 심각하게 상황을 설명한 적도 있었다. 그런데 정밀 검사 결과 대부분은 음성이고, 추후 종양의 변화를 관찰해야 한다는 진단이 나오는 것 같다. 혹시 암 초기 진단을 받은 사람들도 간단한 수술과 치료를 끝내고 마음 조마조마하면서 그렇게 일상을 다시 살아가는 것 같다.

나도 십 년 전에 자궁의 혹으로 시작하여, 갑상선의 혹, 유방의 혹, 쓸개의 혹까지 매년 작은 음성 종양이 반갑지 않은 손님이지만, 차례로 등장하였다. 다행히 그 크기들은 큰 변화는 없어서 매년 이 손님들이 내 몸에 아예 자리를 잡고 들어앉아서 떠날 예정이 없으니, 내 몸 전체를 공격하는 것이 아니면, 손님이 아닌 내 식구로 인정하고 살아야 한다고 받아들이고 있다. 내 지인들도 처음엔 몸에 이상한 게 있어서 정밀 검사해야 한다며 눈물을 보였었고, 좋은 병원에 대한 정보를 묻곤 했는데, 이제는 점차 당연한 일로 받아들이고 여유 있게 조용히 자기 몸 돌보기를 하고 있다.

물론 누구나 병에 걸릴 수 있고, 나이 먹을수록 오래 사용한 몸이니 병이 찾아오는 것을 자연스럽게 받아들여야 하는 것 같다. 평소 몸을 잘 관리한 사람은 비교적 고약한 병에 덜 걸린다는 상식을 신뢰하면서 건강관리를 하다가, 병이 찾아오면 또 병을 치료하면서 그렇게 살아가는 것이 인생인 것 같다.

어려서 또는 젊어서 병을 얻어 고통을 받고 있거나, 병으로 일찍 세상을 떠난 사람에 대한 아쉬움이야 말할 것도 없다. 그러나 나이를 먹으면 건강하게 살아오던 사람도 질병에 노출되는 것 같다. 그래서 내 몸의 변화를 체크하고 관리하는 것은 당연한 과제인 것 같다.

내 친정 엄마는 당뇨병을 진단받았었다. 육십 대 초반이었다. 아버지도 당뇨병을 사십 대부터 앓았으니, 당뇨병의 추이를 우리 가족은 다 지켜봤었다. 그런데도 엄마는 당뇨병은 어떻게 관리해야 하는지에 대해서 좀 무심하셨던 것 같다. 우리 가족도 어머니를 돌보는 데 무심했다. 엄마는 사십 대에 했던 눈썹 문신이 옛날 스타일이라 초록색 얇은 라인으로 남아 있는 것을 맘에 안 들어하셨다. 우리 딸들이 봐도 그 문신은 인상이 세 보이긴 했다. 엄마는 우리에게 어디서 어떻게 시술받았는지 말씀 안 하셨지만, 병원이 아닌 미용 시술소에서 예순일곱에 눈썹 문신을 새로 받으셨다. 엄마가 몸에 열이 있다고 했을 때 우리 가족들은 감기라고 생각했었다. 3~4일 정도 열이 있으셨던 엄마가 밤에 혼자 쓰러지시고 우리가 발견할 때까지 스무 시간쯤 혼자 계셨던 것 같다.

아버지가 당뇨로 돌아가신 해였고, 엄마는 혼자 살고 계셨다. 엄마의 전화 수화기가 내려져 있고 방에 쓰러져 계신 채였으니, 엄마는 우리에게 도움을 요청하시다가 의식을 잃으셨던 것 같다. 엄마는 그렇게 병원에 이틀을 계시다 돌아가셨다. 엄마는 초기 환자였어도, 당뇨 환자가 신경써야 할 부분을 숙지했어야 한다. 당뇨 환자는 상처가 잘 아물지 않고 후유증이 있기 쉬우므로, 상처가 생기지 않게 항상 조심해야 한다. 그리고 상처를 만들지 않게 조심해야 한다. 그러니까 문신을 새로 한다면 당뇨병을 밝히고 정식 피부과에서 시술을 받았어야 했다.

한 해에 부모를 잃은 것은 내 나이 서른다섯이었다. 엄마를 잃은 슬픔은 참 오래 갔다. 이제 나는 곧 오십이 된다. 엄마의 당뇨가 나도 내 일로 걱정되는 나이가 되었다. 옷 욕심이 많던 엄마가 예순일곱이라는 이른 나이에 엄마 본인이 사놓으셨던 예쁜 수의를 입고 떠나던 날을 나는 지금도 뚜렷하게 기억한다. 윤달에 장만하면 장수한다는 속설에 사두셨던 수의를 구입한 지 반 년도 되지 않아 입으셨다. 참 가슴이 아픈 날의 기억이다.

엄마가 100세쯤에 돌아가시면서 입었다면 너무 튀어서 어색했을, 나비 모양의 거창한 소매를 가진 새하얀 모시 수의는 화려한 옷을 좋아하던 엄마 취향과 잘 맞았고, 노인이라기에 너무 젊었던 엄마와 잘 어울려서 우리 딸들을 더욱 가슴 시리게 했었다. 그 수의를 엄마 살아 생전에 우리는 본 적이 없었다. 큰언니만이 엄마가 수의를 장만해두었다는 이야기를 들었었고, 엄마 장롱을 뒤져서 찾아냈다. 아직도 여자였던 엄마의 수의를 고른 취향에 우리는 잠깐 미소를 짓기도 했다. 감수성이 풍부한 디자이너인 작은언니가 "엄마 너무 예쁘다. 수의 입은 모습은 엄마가 최고다"라고 말하면서 울었던 염하던 날의 풍경이 지금도 가슴이 아프다. 그렇게 엄마는 생을 마감했다.

엄마의 죽음은 내게 참 많은 것을 생각하게 했고, 지금도 인생에 대해 깊이 생각하게 한다. 우리는 나이를 먹는다. 몸의 변화를 아는 것, 몸을 잘 관리하는 방법을 아는 것은 중요하다. 우리 엄마처럼 관리법을 몰라 그렇게 허무하게 질병에 지지 않았으면 좋겠다.

또 하나의 대표적인 나이 듦의 상징은 신진 대사율이 떨어지면서 생기는 비만이라고 할 수 있다. 나이 들면서는 예전과 똑같이 먹어도 체중이 느는 것 같다. 호르몬의 변화에서 오는 거라고 들었는데, 특히 아랫배가 눈에 띄게 나오기 시작했다. 덜 먹어야 하는가 보다. 정상 체중을 유지해서 건강 적신호를 만들지 않으려면, 덜 먹고 운동은 더 많이 해야 하는가 보다.

그러나 더 중요한 것은, 살이 찌고 똥배가 튀어나오고 보기 싫게 늘어지는 것을 자연의 섭리로 받아들이는 것이라고 생각한다. 물론 오십 대, 육십 대에도 멋진 몸매를 보여주는 여배우들도 간혹 있지만, 모두가 그런 몸매를 갖기는 어렵다. 그런 몸매를 갖기 위해 우리가 소모해야 할 에너지가 너무 많다. 그렇게 아름다운 몸매로 사는 것이 우리들 모두의 과제여야 할까. 끊임없이 보톡스 등으로 얼굴의 주름을 관리하는 모습이 부지런하고 긍정적으로 보이기도 하지만, 자기 나이에 맞는 주름을 인정하는 것도 우리에게 필요한 성숙이라고 나는 생각한다. 어차피 우리는 어머니 세대처럼 육체 노동을 심하게 하고 햇볕에 심하게 노출되어 살아온 세대가 아니다. 주름이 생기겠지만 어머니 세대처럼 빨리 노인네가 되지는 않는다.

우리는 엄마 세대보다 옷도 훨씬 젊게 입고 주변에 널린 헬스장은 엄청난 돈을 투자하지 않아도 몸매 관리를 용이하게 해준다. 오십 대에 이삼십 대의 동안 얼굴과 몸매를 갖겠다고 종일 몸만 생각하고 몸매 관리만 할 수는 없다. 우리는 몸매 관리 말고도 할 일이 많다. 배워서 유익하고 재미있는 공부거리나 각종 취미나 자격증도 많고, 사람들과 어울려 교류하고 맛있는 것을 먹으며 얻는 기쁨도 크다. 종일 일하고, 간단한 야식을 먹고, 퍼져 자는 게으름이 주는 즐거움도 크다. 비만을 관리하는 것도 중요하다. 그러나 몸매 관리에 대한 강박적 불안에서 자유로워지는 것도 중요하다.

몸의 변화를 체감하는 당신, 우리 질병이 오면, 질병과 친구로 잘 달래주면서 살아가자. 비만에 대해서도 죽어도 내게 오지 못하게 막기보다는 귀여운 살을 살살 달래주면서 살아가자. 그런 나를 소중히 여겨줄 그 또한 배 나온 중년의 내 남자를 사랑해주며 함께 나이 들어가는 것은 어떨까.

간섭과 관심은 다르다
가족의 본질에 집중하자

✚ 오래된 집이 있는 풍경

〈오래된 집이 있는 풍경〉은 내가 그림을 시작한 첫 해에 그린 것이다. 그래서 어딘가 어설프긴 하지만 여기에는 이 그림이 적절하다 생각해 소개하고 싶다. 주변 들판과 어우러진 소박하고 작은 이 집에 살고 있던 노부부의 허름한 물건과 털신이 내 눈에 보였고, 그들에게 찾아올 자녀들을 떠올리며 따스한 느낌을 담아 그린 그림이다. 우리가 젊어서 소망한 집은 이런 집이 아니었다. 더 모던하고 세련된 공간, 아이들이 뛰어놀기에 좋은 공간을 바랐다. 그러나 우리들의 중년의 집은 더 클 필요도 없고 더 세련될 필요도 없다. 볕이 잘 들고, 좀 더 환하기만 하면 좋을 것 같다. 혼자이거나 오래된 부부가 살기에는 너무 큰 공간은 귀찮고 더 휑하다. 치우기에 힘들지 않은 작고 아담한 공간에서 따뜻한 볕을 맞으면 좋겠다. 우리들의 노후로 괜찮아 보이는 풍경이 아닌가.

당신은 가족들과 즐거운 대화를 자주 나누고 있는가. 당신의 남편과 자녀들은 당신의 걱정을 잘 아는가. 물론 다 큰 아이들이 매일 엄마와만 대화를 나눈다면, 그건 조금 걱정해야 될 일이다.

당신의 자녀는 가정이라는 작은 사회에서 벗어나 큰 사회에 적응해야 한다. 당신이 제공한 가정이 너무 편안하고 즐거운 곳이라 해도, 아이들은 세상으로 나가 자신의 힘으로 자기에게 어울리는 직업을 갖고, 자신에게 어울리는 배우자를 만나서 새로운 가정을 만들어야 한다. 항상 나하고만 교류하는 자식은 엄마 뱃속에서 떠나지 못하는 캥거루 새끼와 같다. 우리는 자식을 떼어놓아야 한다. 그렇다고 자녀들이 나에 대해 전혀 관심이 없거나, 내가 다가가는 것을 귀찮아하거나 불편해한다면, 그것 또한 서글픈 일이다.

힐러리 클린턴이 대통령 선거에서 패배하고 나서 했던 연설이 기억에 남는다. 힐러리는 대통령 선거 이후 바깥에 나가고 싶지도 않았고, 대중 앞에 설 엄두는 더욱 나지 않았다고 한다. 그러나 다시 생각했다고 한다. "나는 힘들게 노동해서 키운 어머니의 자랑스러운 딸이다. 나는 대통령이 되지는 못했지만, 엄청나게 많은 사람들이 대통령이 되라고 표를 보내준 매우 자랑스러운 어머니의 딸이다. 그런데 내가 나를 수치스러워하지는 않겠다"는 요지의 연설이었다. 참 건강하고 당당한 연설이다.

나는 때때로 대통령이 되고 싶은 그녀의 출세욕이 느껴져서 긍정적인 느낌만 있었던 것은 아니다. 그리고 각종 비리 사건으로 인해 그녀의 윤리의식에 대해 의심스럽다는 생각을 간혹 했었다. 그러나 그녀의 엄마에 대한 생각은 참 본받을 만하다. 그녀 어머니의 희생도 참 빛이 나는 것 같다. 나는 힐러리 클린턴이 좋은 집안 출신이 아닌 것을 처음 알았는데, 그런 자신의 모습을 당당하게 말하는 모습에 갑자기 그녀에게 호감이 생겼다.

우리가 만들어내야 할 가족의 모습도 그런 것이라면 좋겠다. 내가 소중히 지켜온 가족이 나를 감사하고 자랑스럽게 기억해주는 모습. 엄마의 사랑을 가슴에 지니며 세상을 씩씩하게 살아가는 자식, 그 자식들이 자연스럽게 부모의 가정을 떠나지만 자주 부모를 방문하면서 새 가정을 단란하게 일구는 모습. 그것이 우리가 바라는 중년 이후의 삶이 아닐까. 물론 거기에 내 남편과 내가 서로 소중히 보듬어주면서 사랑하며 가정을 지키고 있는 것은 기본 뼈대가 될 것이다. 내가 선택한 사람이 참 소중한 내 하나밖에 없는 반쪽이라는 것을 인식하면서 오래 살아가는 것은 아주 소중한 일일 것이다.

당신 가족의 일상을 떠올려보자. 과연 나는 내 남편에게 고마움과 만족스러움을 얼마나 자주 느꼈는가. 고마움은커녕 남편과 대화를 나누다 상처 입고 짜증이 올라와 큰 싸움으로 이어졌거나 다시는 길게 대화하지 말아야겠다는 결론에 도달하지는 않았는가. 한 녀석은 집에 오면 말 한 마디 하지 않고 제 방에만 들어가 있고, 한 녀석은 공부하라는 말에 노골적으로 간섭하지 말라고 쌍심지를 켜지 않았는가. 단란한 저녁식사를 한 지 얼마나 되었는가. 긴 부부싸움과 자녀와의 전쟁 끝에 이제 우리 가족은 서로 한 집을 사용하는 동거인이기는 하지만, 같이 밥을 먹지도 않고, 함께 대화도 하지 않는 그야말로 '조용한 가족'이 된 것은 아닐까.

가족치료학자 갓트만John Gottman은 부부가 쓰지 말아야 할 의사소통의 방식으로 불평, 변명, 경멸, 냉담 이 네 가지 단어를 제시했다.

첫째, 상대에게 '불평'하지 말고, 왜 이러한 말을 하는지 나의 숨겨진 소망을 말하라는 것이다. 만약 남편이 늦게 들어온다면 화를 내지 말고, "당신이 늦게 오면 사고가 난 것은 아닌지 불안해서 잠을 잘 수가 없으니, 전화를 중간에 해서 아무 일 없다는 것을 알려줘"라는 식으로 남편에게 아무 일이 생기지 않기를 바라는 소망과 사고에 대한 불안이 있다는 자기 고백이 필요하다.

둘째, 상대방이 하는 말에 '변명'하지 말고, 상대방이 듣고 싶은 말을 하라는 것이다. 만약 아내가 늦게 왔다고 불평할 때, 내가 전화할 수 없었던 상황을 먼저 장황하게 설명하면 그 말은 아내에게는 변명이 되고 만다. "걱정시켜서 미안해. 내가 조심해서 다닐게. 그리고 자주 연락하려고 노력할게." 이렇게 말하면 아내는 화가 풀릴 가능성이 높다.

셋째, 상대방이 하는 말에 '경멸'하지 말라는 것이다. 남편이 잘해보겠다고 아내에게 선의의 표현을 했는데, 아내가 "당신 말은 이제 안 믿어. 말로만 했던 게 어디 한두 번이야"라고 비아냥거렸다면, 남편은 노력할 마음이 없어지게 된다. "당신이 그렇게 말해줘서 고마워. 그렇지만 지난번에도 그렇게 말했지만, 연락 없이 늦게 와서 이 말에 대해 확신은 안 서." 이런 정도로 말해보는 것은 어떨까.

넷째, 위의 세 가지를 다 사용한 부부는 결국 '냉담'한 관계가 된다. 서로 관심을 거둬들이고, 이제 남처럼 지내게 된다. 그야말로 조용한 가족이 된 것이다.

나이 든 남편에게 필요한 것이 '아내, 와이프, 집사람'이라고 한다. 아내에게는 '강아지, 딸, 친구'라고 한다. 남편은 나이 먹을수록 아내와 함께 인생을 정리하고 싶어하는 것 같다. 그러나 아내는 나이 들수록 남편이 덜 필요한 것 같다. 하지만 남편과 노후를 잘 보내는 것은 아내에게도 똑같이 소중하다. 함께 나이 들어가는, 앞으로도 노후를 함께할 남편을 좀 더 따스한 시선으로 바라보자. 우리들의 공간에 자녀들에게 쉬러 오라고 하자. 자녀들이 외롭거나 지쳤을 때 잠시 쉬어가는 공간이 있으면 얼마나 큰 위로가 될 것인가. 부부가 함께 오래 살아가는 것은 소중한 일이고 자녀에게도 큰 버팀목이 된다. 그래도 대단하지 않나. 잘나 보이던 남편에게 필요한 것은 나밖에 없다는 것이.

당신은 그렇게 대단한 존재이다. 여성의 강인한 생명력은 결국 우주를 지배하고 역사를 지배하고 가정을 지배한다. 집안의 실제적인 지배자인 여성이여. 대단한 우리들이니 포용력을 가지고, 가족의 영원한 고향을 더 따뜻하게 만들어보자.

나는 언제까지나
딸의 응원자이고 싶다

✤ 엄마와 딸

〈엄마와 딸〉은 성인이 된 딸을 처음으로 그려본 것이다. 그리고 딸과 내가 함께 있는 모습을 그린 최초의 그림이다. 어느덧 성인이 된 딸이 내 옆에서 천진한 미소를 보이는 것이 고마워, 그 순간을 그림으로 간직하고 싶었다. 우리 딸이 이렇게 귀여운 얼굴을 언제까지 하고 있을지 나는 모르겠다. 딸도 딸 나름의 인생의 굴곡을 경험할 테니 귀여운 얼굴에 혼란스러움과 버거움이라는 세상이 얹혀갈 것이다. 그렇다고 영원히 나의 귀여운 소녀로 있을 수는 없다. 그리고 세상 고통을 거쳐 순진함이 성숙함으로 변화하는 것이 더 아름다울지도 모른다. 어쨌든 나는 내 딸과 이러한 좋은 관계를 오래도록 유지하고 싶다. 좋은 관계란 불변의 것이 아니니, 자주 점검하고 반성하며 만들어가야 하지 않을까. 내가 딸에게 강요하고 있는 것은 아닌지, 딸은 나를 너무 의식하고 있는 것은 아닌지 따져보면서 말이다. 내가 바라는 한 가지는 나는 그저 딸의 응원자이고 싶다는 것이다. 내 생명이 다할 때까지.

엄마의 삶은 딸들에게는 어떤 의미에서든 큰 영향을 미친다. 내 엄마에 대한 애정과 고마움, 연민이 깊을수록 엄마가 바라는 삶을 거절할 수 없고, 엄마와 깊게 연결되어 있는 삶을 살게 되는 것 같다.

아버지의 사랑을 받지도 못했고, 무책임한 아버지 대신에 생계를 도맡았던 어머니의 무심함, 짜증, 화가 싫어서, 친정 탈출의 시도로 한 결혼에서 애먹으며, 엄마와 비슷하게 거친 삶을 살고 있는 딸들을 우리는 자주 보게 된다. 그런 딸들의 엄마 역할은 한스럽고, 자신의 딸에게는 이 대물림을 하지 않겠다는 결연한 각오가 들이 있기도 한 것 같다. 자신은 대학을 가지 못했지만, 자식들은 대학까지 보내기 위해 무던한 애를 쓰고 딸들의 부족한 학업 성취 때문에 고통스러워하는 경우도 많다.

최근 이혼 숙려 중인 한 부부의 상담사례는 무척이나 안타까웠다. 그 가정은 무능한 아버지를 대신해 열심히 자녀를 키운 장모가 전문직 여성인 딸의 육아를 돕기 위해, 집안도 기울고 학력도 딸보다 떨어지는 사위를 본인의 집에 데리고 살고 있었다. 남편은 재산을 늘려보려는 의도였겠지만, 투자에 실패해 그나마 모아둔 재산을 다 탕진했고, 퇴근 후 가사 일을 적극적으로 하지 않는다는 이유로 아내와 장모의 잔소리를 자주 들었다. 아내와의 성관계도 원만치 않았고, 양육 방식의 차이 때문에도 자주 다투었다. 급기야 아내와 장모는 비밀리에 이사를 준비하여 사위를 집에서 쫓아내기에 이르렀다. 남편은 항의했지만, 적극적인 장모의 이혼 독려에 힘입어 아내는 강력하게 이혼을 원했다. 남편은 이혼을 원하지 않았지만, 결국 서운함과 굴욕감으로 이혼을 받아들이게 되었다.

내가 해야 했던 일은 이혼을 한 이후, 아이들에게 미칠 부정적 영향을 최소화하도록 지원하는 것이었다. 남편이 아버지로서 자녀를 만나는 방법과 빈도에 대한 약속을 명확히 하기, 할머니와 아내가 아이들 앞에서 아버지에 대해 부정적으로 말하지 않기, 남편 역시 아이들에게 엄마와 외할머니에 대해 부정적으로 말하지 않기 등의 협의 과정을 최대한 지원하였다.

그러나 내가 정말로 해야 할 일은 부부관계에 개입되어 있는 장모의 영향력을 줄이는 것이었고, 아내가 성인으로 홀로서기를 하도록 돕는 것이어야 했다. 이런 이혼 숙려 상담은 당장의 위기에 대처하여야 하는 상담의 일차적 목표 때문에 근본적인 심리상담 기능이 다소 떨어진다고 할 수 있다. 이혼 절차가 완료되고 나서 아내가 장기적인 상담을 원한다면, 이후의 상담은 어머니와 딸의 분리에 대한 주제로 옮겨가야 한다.

친정어머니 입장에서는 자신의 딸이 결혼을 통해 손해를 보고 불행해졌던 것으로 보여진다. 딸의 결혼도 자신과 별반 다르지 않았다. 딸이 연애를 하면서 결혼을 한다고 하니 두고 보았지만, 남편과 사위는 다르지 않은 무능하고 뻰뻰한 존재로 보였던 것이다. 실제로 그 아내는 "사람 하나 구제해주려고 했는데, 그럴 가치가 없는 사람이에요. 이혼하는 게 더 나아요"라고 말했다. 장모와 아내는 매우 유사한 삶의 가치를 가지고 있었다. 그 어머니에게 딸은 자랑스러운 존재였고, 내가 애써 가꾼 작품이었던 것이다.

'투사'란 내가 가지고 있는 생각이나 감정을 타인이 가지고 있는 것으로 간주하는 것이다. 이 친정어머니는 내가 가지고 있는 생각이 딸의 생각이라고 간주하는 경향이 있다. 아마도 딸의 성장 내내 딸의 학업적 성취나 사회로의 진출을 모두 자신의 성공으로 인식하였을 가능성이 높다. 이러한 상태를 '투사적 동일시'라고 한다.

친정어머니 입장에서 내 잘난 딸이 이러한 결혼을 유지하는 것은 매우 어리석은 일이며 빨리 결혼을 파기하고 자신이 딸과 함께 손주들을 잘 키워내는 것이 가장 좋은 선택이라고 생각한 것 같다. 이러한 친정어머니의 선택을 아내는 그대로 받아들여서 이혼을 강력히 원했다고 보여진다. 아내도 어머니와 별개로 내 결혼에 대한 의미와 결혼생활에 대한 정체성을 가져보는 것이 필요하겠지만, 그 단계로 가려면 그녀에게는 시간이 조금 더 필요할 것 같다.

조금 더 객관적으로 이 가정을 들여다보면, 이 집은 어지간한 남편은 적응하기 힘든 구조다. 장모와 동거해야 하지만, 처가살이라는 불편한 구조에서 남편은 자유롭게 자신의 의견을 말하기 어려울 수밖에 없다. 장모의 집에서 나와 부부와 그들 자녀들만으로 이루어진 핵가족을 이루기에 아내는 육아나 가사 노동에 서툴고, 또한 열심히 할 의사도 없다. 일하는 딸이 자랑스러운 장모와 사회적 일 외의 가사노동이나 육아에 대해 가치를 별반 느끼지 않는 아내는 이 익숙해진 동거가 자연스럽고, 그러다 보니 이 집에 남편의 존재는 겉돌 수밖에 없다.

나는 지금 남편이나 남자의 입장을 옹호하는 것이 아니다. 아내는 아직 젊다. 아이들을 예쁘게 키우며, 여자로서 남편으로부터 사랑받으며 살아가는 행복한 시간을 가질 권리가 있다. 그러한 권리를 스스로 놓친 것이 안타까울 뿐이다. 그녀가 앞으로 무엇을 알아야 하는지를 알려주고 싶은 것뿐이다.

남편과 아내는 서로 결혼 이전의 삶의 방식을 조정하여, 새로운 가족으로서 잘 살 수 있는 적절한 삶의 방식을 배우는 것이 필요했다. 이 학습을 통해 아내는 아버지와 어머니의 삶보다 더 행복한 삶을 살아갈 수 있다. 그러나 너무 강력한 지원자인 어머니의 빠른 개입은 이들 젊은 부부의 삶에 오히려 걸림돌이 되었을 것이다. 그러나 어머니는 딸을 자신으로부터 분리시킬 의도가 없고, 딸도 어머니에게 독립될 의사가 없다. 딸은 오히려 남편이 없어져서 편안해진 측면도 있겠으나, 남편의 사랑을 받으며 젊은 부부가 아이를 함께 키워내면서 얻는 즐거움을 놓치게 된 것이다. 만약 재혼을 하더라도 친정어머니의 태도는 갑자기 변하지 않을 것이고, 새아버지와 아이들이 적응하는 과정에서 더 복잡한 과제를 부여받게 될 것이다.

우리들은 엄마가 아프게 키운 딸들이다. 그래서 엄마의 투사적 동일시 대상일 가능성이 매우 높다. 최근 독극물로 남편과 시어머니, 새 남편을 사망에 이르게 한 여인의 사연을 접했다. 이 여인은 보험금을 노리고, 세 명이나 그것도 가족을 살해한 무서운 범죄를 저질렀다. 그녀가 그 보험금으로 자신을 위해서 한 일은 스키장을 간혹 다니고, 보석을 사서 집 금고에 넣어두고 구경하기였다고 한다. 그리고 더 많이 소비한 것은 딸의 물품 구매였다고 한다. 주변 사람들은 평범해보이는 그녀가 그렇게 많은 돈이 필요해서 살인까지 저지른 것을 이해할 수 없다고 했다. 그러나 그 딸에게만은 공주처럼 입히고 딸이 해보고 싶은 일만큼은 아낌없이 밀어주었다고 한다.

어찌 보면, 딸을 지극히 사랑하는 헌신적인 어머니로 보여진다. 그러나 그녀는 결국 딸에게까지 같은 독극물을 먹여 병원에 입원시키기까지 한다. 다행히 딸의 목숨은 구했지만 어머니에 대한 딸의 배신감은 꽤 컸을 것이다.

어떻게 그랬을까? 아마도 그 여인은 딸을 온전히 사랑하고 지원한 것이 아니고, 어린 시절 자기가 누리고 싶었던 것을 또 하나의 나로 여겨지는 딸에게 제공함으로써, 대리 보상을 받고자 한 건 아닐까. 딸을 가꾼 것이 아니라, 젊고 예쁜 또 하나의 나를 가꾼 것이다. 보석을 사서 금고에만 둔 이유는 무엇일까? 보석으로 치장하기에 나의 외모는 마음에 들지 않았던 것이 아닐까? 그래서 대신 젊고 예쁜 또 하나의 나로 여겨지는 딸에게 입히고 가꾸려 했던 건 아닐까. 그러나 지급된 보험금이 바닥을 보이게 되자, 딸의 보험금마저 사용할 때의 이 여인의 선택은 비정하기 이를 수 없다.

우리는 모두가 엄마의 사랑을 받은 존재들이다. 그리고 우리는 모두가 딸을 사랑하는 엄마들이다. 그런데 중요한 것은 이 사랑이 투사로 이루어지지 않으려면, 우리 모두는 각각의 개체라는 사실을 인식해야 한다. 나와 다른 또 다른 인격체인 자녀의 있는 그대로의 모습을 인정하고, 그녀가 선택한 삶의 방식을 그대로 지켜봐주는 것이 진정한 사랑일 것이다. 생각보다 어려울 수 있겠지만, 우리가 진정 새기고 행해야 할 일이다.

콤플렉스 없는 나보다
콤플렉스가 있어
더욱 사랑스러운 나

✤무궁화

〈무궁화〉는 꼭 한번 그려보고 싶은 꽃이었다. 대단한 애국자는 아니지만, 내가 사회적 존재임을 생각하게 하는 국화國花, 무궁화. 우리는 혼자 살지 않는다. 국민으로 살고 부모의 딸로 산다. 나는 자랑스러운 국가의 국민이고 나는 우리 부모님의 자랑스러운 딸이다. 그런데 나는 그런 전체 안의 나를 생각해본 적이 있는가. 우리는 소중한 이 땅의 구성원이다. 나는 평균치로만 살아도 국가의 바람직한 일원이며, 극한점의 문제를 가지고 있어도 돌봐주어야 할 일원이다. 우리는 대부분 국가의 이익에 큰 몫을 하지 않는가. 세금도 열심히 내고 열심히 근로하며 열심히 선거도 하지 않는가. 평균 이상으로 국가에 큰 보탬을 주고 있는 자랑스러운 국민들이고 이 땅의 딸들이고 엄마들이다.

콤플렉스가 없는 사람이 있을까. 연예인들에게 물어봐도 다들 한두 가지 이상의 신체에 대한 불만을 토로한다. "나는 내가 너무 좋다. 나는 내가 완벽하다고 생각한다"라는 사람이 있을까? 아마도 과대망상이나 자기애의 특성을 지닌 사람이 아니고는, 누구나 자신만의 콤플렉스가 있을 것이다.

아들러Alfred Adler는 인간을 움직이는 가장 중요한 추동drive은 열등감의 극복, 즉 우월성을 향한 노력이라고 주장하였다. 우리는 아기였을 때 어른이나 나이 많은 형제에 비해 무력한 존재였고, 그러한 사실이 새로운 기술을 습득하고 새로운 재능을 발전시키도록 동기화시켰다는 것이다. 그래서 콤플렉스는 이상한 것이 아니고, 우리를 노력하게 해주는 정상적인 것이다. 그러나 지나친 열등 콤플렉스는 자신이 나약하고 부적절하다는 생각을 과다하게 만든다. 일반적으로 신체의 이상, 부모의 무관심, 부모의 과잉보호 등이 가장 중요한 열등 콤플렉스의 원인이 된다.

먼저 대한민국의 '외모 지상주의'는 우리를 열등 콤플렉스에 빠지게 할 수 있다. 나만 해도 세 자매 중 내 외모가 제일 못하다고 꼭 집어 지적하는 친척들의 말씀에 상처를 받았던 기억이 있다. 그때마다 엄마나 할머니가 "셋째가 공부는 제일 잘해, 셋째가 똑 부러지기는 해"라고 감싸 주셨지만, 그렇다고 내 상처가 없어진 것은 아니었다. 내 외모 콤플렉스를 무마하기 위해 나 스스로 성취에 의미를 두었던 것 같다. 다만 오빠가 나보다 공부를 더 잘하는 바람에 공부 잘한다는 칭찬도 무색해지긴 했다.

어쨌든 나는 인정받기 위해 노력했지만 외모에 대한 내 콤플렉스는 언제나 나를 따라다녔다. 그래서일까. 남자들이 여자로 나를 사랑하는 것을 받아들이기가 쉽지 않았었다. 이제는 외모만으로 사랑이 이루어지는 것이 아니며 내 스타일을 좋아하는 남자도 당연히 존재한다는 것을 인정하지만, 이십 대 시집갈 나이에도 나는 그 사실을 쉽게 인정하지 못했었다.

더 무거운 열등감의 원인은 '부모의 무관심'일 수 있다. 부모가 무관심했다는 것은, 객관적으로 그 부모가 다른 어떤 것에 관심이 쏠려서 자녀를 돌볼 겨를이 없었다는 뜻일 것이다. 그러나 무관심한 부모 밑에서 성장한 자녀는 자신에 대해 스스로를 매우 부적절한 존재이거나 필요 없는 존재라고 생각 할 수 있다. 특히 다른 자녀에게는 관심을 보이는 부모가 내게 무관심할 때는 그러한 느낌을 더 강하게 받을 수 있다.

한국의 문화는 아들에게 관심을 쏟고 딸들에게는 큰 기대를 하거나 특별한 애정을 보여주지 못했을 가능성이 많다. 그런 딸들이 세상에 대해 남편에 대해 나를 대접해달라고 표현하거나 대접하게 만드는 것은 참 어렵다. 그래서 대부분의 우리 여성들은 자신을 봐달라고 표현하지도 못하고 마음속에 한을 쌓아가는 존재인지도 모르겠다.

얼마 전 〈또, 오혜영〉 이라는 드라마를 보면서 많은 생각을 했다. '그냥 오혜영'이라고 불렀던 보통의 외모, 보통의 성적을 가진 오혜영은 자신과 동명인 '예쁜 오혜영' 때문에 암울한 학창 시절을 보냈다. 그 '예쁜 오혜영'은 예쁘고 공부도 잘하고, 게다가 착하고 주변을 배려하기까지 해서 '그냥 오혜영'이 도전을 해보지도 못하고 패배감을 맛보게 한다. 그런데 그런 오혜영도 멋진 남자에게 사랑을 받는다. 그녀를 사랑하게 만드는 가장 중요한 장점은 그녀의 밝고 당당함이다. 더 예쁜 여자에게 쏠리는 칭찬에 속상해하기도 하지만, 그녀는 크게 욕심을 부리지 않는 대신 자신의 감정을 솔직히 표현한다. 그래서 친구가 많다.

그리고 그녀를 밝고 당당하게 만드는 가장 중요한 것은 '그냥 오혜영'을 진심으로 사랑하고 지원하는 부모가 존재한다는 것이다. 그 부모가 딸이 사랑하는 남자에게 맛있는 음식을 대접하면서 딸을 부탁하기도 하고, 딸이 제대로 못 따질 때에는 대신 야단을 쳐주기도 한다. 그래서 그녀는 초라할 때도 있지만, 끝내 상처를 극복해낸다. 드라마에서 기억에 남는 대사로 '예쁜 오혜영'이 "나는 너의 경쟁 상대가 아냐. 너에게는 저런 부모님이 계시잖아"라는 대목이다. '예쁜 오혜영'은 불안정하고 무심한 엄마의 딸이었고 불편한 환경에서 성장하였기 때문에 이를 악물고 공부도 열심히 하고 부모나 사람들의 비위를 맞추느라 착해진 것이었다. '예쁜 오혜영'은 무조건적으로 사랑해주는 부모님을 가진 '그냥 오혜영'을 이길 수 없다고 생각해왔다.

참 슬픈 얘기다. 많은 재능을 갖고 있다고 하더라도 무조건적인 사랑을 받고 자란 사람에게는 안되는 것이다. 누군가의 열등감을 극복하게 만드는 가장 중요한 치유는 조건 없이 사랑해주는 것이다.

마지막으로 열등감을 만드는 요인은 '과잉보호'다. 학대가 인간을 위축되게 만드는 것은 분명하다. 그러나 적극적이고 불안이 높은 부모의 과잉보호는 자신의 존재에 대해 의심하게 된다. 자녀가 할 수 있는 것은 자녀가 혼자 하게 해주는 것이 필요하다. 그 대신 자녀가 직접 하는 동안 실수하는 것을 용인해주어야 한다. "실수해도 괜찮아. 누구나 실수하는 거야"라고 말해주는 것이 정말 중요하다.

그러나 어질러져 있는 것을 못 견디는 부모나 빨리 해버려야 직성이 풀리는, 바지런하고 주도적인 부모는 자녀가 스스로 할 기회를 제대로 주지 못한다. 그래서 과잉보호 속에 자란 자녀는 자신의 능력을 의심하게 되고 사람들 앞에 당당하게 나서는 것을 두려워한다. 너무나 사랑해서 잘못될까봐 노심초사하며 금지옥엽으로 키워낸 당신의 자녀가 당신의 그 정성 때문에 위축되고 자신을 믿지 못하게 되었다는 사실은 정말 안타깝지 않은가.

하나둘 정도의 자녀만 낳아 최선을 다해서 키우고 있는 최근의 한국 가정은 열등감에 시달리는 자녀를 양산해낼 가능성이 꽤 많다. 헬리콥터 엄마라는 말이 있다. 자녀 옆을 절대 못 떠나는 엄마를 일컫는 말이다. 성인이 된 자녀의 일을 부모가 직접 개입하는 모습에 가끔 당황스러울 때가 있다.

가정법원 이혼 상담위원으로 일하면서 경험했던 일이 떠오른다. 사십 대 아들과 육십 대 후반의 아버지가 함께 상담실을 들어오려고 했다. 외국인 이십 대 아내는 이미 상담실 안에 앉아 있었다. 나는 이혼 당사자인 부부만 이 자리에 앉게 되어 있다고 남편의 아버지에게 바깥에서 기다려줄 것을 요청하였다. 그런데 그 아버지는 막무가내로 "내 아이는 마음이 약해서 이혼 조건을 잘못 협의할 수 있으니, 내가 같이 있어야 한다"고 주장했다. 그 남편은 정신적 결함이 있어 보이지는 않았다. 그런데도 그 남편은 아버지의 의견에 조용히 있었고, 젊은 아내는 이런 시아버지에게 익숙한지 함께 상담받아도 좋다고 했다.

나는 그 어색한 세 사람의 조합이 아직도 기억에 선명하다. 자녀를 믿어주고 자녀와 분리되어야 하는 것은 엄마와 딸뿐만이 아니었다. 못 말리는 아버지가 아들을 무능하게 만들고 있는 어색한 가족의 모습을 목격하니 씁쓸했다.

콤플렉스를 떠올려보면, 우리는 실패한 나, 남보다 못한 나만을 떠올리기가 쉽다. 확장해보아야 부족한 자식으로 엄마를 실망시켰던 면목 없는 딸로서의 나만을 생각한다. 나와 가족 안에서의 나만을 좁게 바라보고 있다. 그러나 열심히 산 우리는 대한민국의 자랑스러운 국민이다. 우리는 세금 수혜를 받기보다, 세금으로 국가 복지에 일익을 담당했다. 커다란 봉사를 하지 않았어도 우리는 대단하다. 우리는 감사받아 마땅한 존재들이다. 이런 칭찬을 주고받지 않으니, 나의 이런 말이 농담처럼 들릴 수도 있다. 그러나 농담이 아니다. 영화 〈국제 시장〉을 보면서, 나는

'주인공뿐 아니라 모든 사람들이 정말 애쓰며 살아왔구나. 우리는 정말 많이 칭찬받아야 할 존재들이구나' 하는 생각을 했다.

망설이고 있는 그대여, 실패하면 다시 해보면 되지 않을까. 실패를 두려워하지 말고, 그냥 저질러보자. 하고 싶은 일은 이번 생애에 해보자. 그리고 하고 싶은 것도 좀 다양하고 섬세한 것이었으면 좋겠다. 하고 싶은 것이 생각났는가. 이제 그만 망설이자. 까짓, 인생 뭐 있는가.

섹스의 재발견
중년의 성을 감추지 마라

✚ 움직임

〈움직임〉은 내 그림 중에서 여성의 몸매가 가장 순하게 표현되었다. 우리는 누드를 대할 때, 성적인 것을 일차적으로 떠올리는 경향이 있다. 그리고 성적인 존재로서의 자신을 생각하는 것에 자동적으로 긴장을 하는 경향이 있다. 그러나 인간은 원래 맨몸으로 태어났으며, 성은 우리의 한 일부이다. 누드의 여인이 사랑스러운 표정으로 이완되어 있다. 그러한 여인의 모습이 나는 아름답다고 생각한다. 그리고 손가락을 비교적 자세히 묘사하였다. 사랑은 서로에 대한 섬세한 터치로 완성되어간다. 정서적으로나 신체적으로나 터치해주는 손길은 매우 중요하다. 양옆에 일장춘몽一場春夢이라는 한자를 그려 넣었다. 인생은 하룻밤의 꿈과 같다는 말을 하고 싶었다. 그렇게 흘러가는 인생에 방점을 찍어줄 수 있는 것은 나를 사랑해주는 사람의 부드러운 눈빛과 체온일 것이다. 우리는 좀 더 자유로운 태도를 육체적 사랑에 대해서도 받아들이는 것이 필요하다.

남편과의 성 갈등으로 이혼까지 고려하고 있는 여성이 있었다. 그녀는 독실한 기독교 신자였고 교육계에 종사하고 있었기 때문에 성에 대한 태도가 더욱 보수적이었던 것 같다. 그 연배의 여성들에 비해 길고 몸매가 드러나지 않는 복장에, 상의의 단추를 끝까지 채워 올린 모습이 여름인데 덥고 답답해보였다. 그녀는 결혼 전에 남자를 사귀어본 적이 없었고, 당연히 성 경험도 없었다.

여대를 졸업하고 직장생활을 하다가, 집안에서 소개해준 남자와 6개월 가량 만나다 결혼했다고 한다. 그녀는 심지어 성이란 자녀를 출산하기 위한 의식이라고 생각하고 자랐으며, 성이 인간의 욕구이고 둘의 관계를 친밀하게 해주는 역할을 한다는 것을 잘 인식하지 못한 것 같다. 결혼 후 남편과 성관계를 의무로 받아들였고 첫아이를 임신하고부터는 남편의 성관계를 거절했다고 한다.

남편은 아이 출산까지 참고 기다렸고, 첫아이 출산 후에서야 성관계를 요구했다. 이때부터 문제가 심각해진 듯하다. 물론 남편이 이 순진한 아내가 성에 대해 좀 더 긍정적으로 인식하게 하려면, 훨씬 조심스럽고 다정한 스킨십이나 배려에 신경을 썼어야 한다고 생각한다. 그러나 직업군인이었던 남편에게는 이러한 세심함이 없었던 것 같다.

남편이 아내에게 성관계를 원했을 때, 아내는 화를 내기도 했고 그 다음엔 하고 싶지 않다고 했단다. 아내가 정말로 무릎 꿇고 간절히 성관계를 하지 말자고 애원까지 했었다는 말을 들으며, 그 남편의 상황도 안타까웠다. 그렇다고 남편이 비정상적인 성행위를 원한 것은 아니었다. 당연히 사디스트도 아니었다. 그런데 아내가 그렇게도 간절히 성관계를 거절했다는 것이 잘 이해가 되지 않았다. 아직도 이런 여자가 있나 싶을 것이다. 그러나 성에 대한 태도는 정말 다양한 것 같다. 성적 트라우마가 있다면, 이런 성에 대한 거부감이나 회피는 더 강해질 수도 있다.

그러나 인간의 성은 자녀 출산만을 위해 존재하는, 피하고 싶은 행위라고 일반적으로 볼 수는 없다. 아내는 불편하고 싫은데, '남자들이란 섹스를 좋아하는 동물스러운 존재이므로, 남편의 욕구를 채워주기 위해 가끔씩 성관계를 해줘야 한다'는 식으로 섹스를 의무로 보는 것도 바람직하지는 않다. 한쪽만 원하는 것을 참고 따라가주는 것은 나머지 한편에게 결국 부담감을 주기 때문이다.

성은 누가 누구를 위해서 하는 것이 아니다. 우리 고전문학에 보면, 고려시대에는 열렬한 사랑을 표현한 '남녀상열지사'의 시문들이 다수 존재했다. 고려시대의 혼인 형태는 남녀가 일단 연애를 하고, 남자가 여자의 집에 결혼 의사 표현을 한다. 결혼식도 신부 집에서 했던 것으로 전해지고, 남편은 서옥이라는 별채를 지어 처가살이를 하였다. 이것이 우리의 전통문화였다. 가루지기, 변강쇠, 옥녀, 황진이 등은 우리 고전에 남아 있는 대표적으로 성을 즐겼던 인물들이다.

서갑숙 씨가 성적 욕구에 대해 커밍아웃했을 때, 사회는 홍석천 씨의 성 정체성 커밍아웃만큼이나 충격을 받았던 것 같다. 그 이후 〈처녀들의 저녁 식사〉 등의 영화가 여성의 성性을 전하기도 했었다. 그러나 이제는 여성들이 각종 언론매체에서 성에 대한 생각을 거침없고 솔직하게 표현하곤 한다. 현대사회는 여성의 성에 대하여 비교적 빠르게 수용적인 태도를 취하게 된 것 같다. 그들의 발언 수위는 매우 적극적이어서 때로는 놀랍기도 하다. 성에 대한 가치관이 다 같을 수는 없다.

그러나 성에 대한 태도가 보수적이고, 성관계를 덜 하는 부부의 관계가 더 자주, 그리고 만족스럽게 성관계를 하는 부부에 비해 긴밀하거나 돈독하지 않을 가능성은 높다. 그렇다고 남편과 돈독한 관계를 만들기 위해 억지로 성관계에 노력하라는 것은 아니다. 인간은 원래 성적 욕구를 지니고 태어났다는 것은 이미 앞에서도 말했고, 프로이드Sigmund Freud의 견해도 설명했다.

무성無性 콤플렉스는 아직도 한국 여성들에게는 흔히 나타나고 있다. 결혼 전에 성적인 보수성을 여성이 가지고 있을 때, 남자들은 순결한 여성과 결혼하는 것에 대해 말로 표현하지 않아도 만족스러워하는 경향이 있다. 대부분의 남자라고 해도 내가 남자를 극단적으로 평가절하하고 있다고 말하지는 않을 것 같다. 그런 여성들이 결혼했다고 해서 갑자기 성적 민감성이 높고 성에 대해 구체적이고 적극적으로 남편에게 요구하는 것은 쉽지 않다. 따라서 여성들은 성은 남자들의 전유물이고, 자신은 크게 관심이 없으나 남편을 위해서 의무적으로 제공해주는 것이라는 무성 콤플렉스를 유지하는 것이 자연스럽다. 그것이 섹스를 재미없게 만드는 가장 대표적인 요인이라고 나는 생각한다.

남편과 아내가 적극적으로 대화하는 섹스를 통해 여성들은 섹스의 즐거움을 발견할 수 있을 것이다. 남편의 발기 장애나 여성의 불감증을 해결할 수 있도록 둘만의 편안한 공간에서 적극적인 성적 행위를 시도해보아야 한다. 그러면 성을 남편을 위해서 제공하는 의무 행위로만 느끼지 않을 수 있다.

의학적으로 성관계는 긴장 이완, 수명 연장, 통증 감소, 생식기 계통 질환 감소 등 상당히 많은 치료 효과가 나타나는 것으로 보고되고 있다. 섹스는 모든 동물에게 존재하는 본능적 행위이자, 특히 인간에게는 심리적인 욕구까지 포함하는 특별한 행위이다. 아직 성의 즐거움을 알지 못하는 사람은 아직 제대로 된 성관계를 한 번도 해보지 못한 사람일 수도 있다. 성을 누리는 여성은 행복한 존재다. 성을 누리는 여성은 성관계 없는 여성보다 더 아름답고 여유 있고 심신이 건강할 수 있다.

우리 사랑하자. 이제는 너무 나이 먹었다고 자신의 여성성을 포기하지 말자. 우리는 이제 전체 인생의 3분의 2쯤 살았을 뿐이다. 젊은 남자와 추해보이는 사랑을 하자는 것이 아니다. 나를 진심으로 사랑하는 사람과 성관계까지 즐겁게 누릴 수 있는 그런 사랑을 하자. 섹스만을 위한 관계는 물론 건강하지 않다. 그러나 섹스는 사랑의 매우 중요한 윤활제이다. 사랑에 섹스를 굳이 빼겠다고 하는 말도 자연스럽지 않다. 또한 건강한 것도 아니다. 사랑과 섹스는 같은 말이어야 한다. 우리 좀 더 솔직한 마음으로 섹스에 임해보자.

어리석은 사랑에 중독되었다면
금단현상이 두렵더라도
끊어내야 한다

✚ 상념 II

〈상념 II〉는 이별로 가슴 아파하는 여인을 그렸다. 여리지만, 강한 여자를 표현하기에 좋은 재료라고 생각해 캔버스가 아닌 한지를 올린 판에 그림을 그렸다. 거기에 여인의 마음을 한자로 적었다. '일日우遇, 일日별別, 일日고苦: 매일 만나고, 매일 헤어지고, 매일 아프다'. 여인이 존재하는 공간은 방이다. 우리가 잘 알고 있는 노란 장판의 방이다. 의자에 앉아서 무상한 듯 생각에 잠겨 있는 여인은 눈물을 흘리고 있지는 않다. 이제 눈물이 마른 듯도 하고, 생각에 잠기다 눈물이 흘러나올 수도 있다. 그러나 여인은 쓰러져 통곡하지는 않을 것으로 보인다. 이별로 아픈 것은 좋다. 그러니 충분히 아파해도 좋다. 더 많이 울어도 괜찮다. 그렇지만, 그 다음에는 담담히 생각해보는 시간이 필요하다. 우리에게 생각은 우리를 더 어리석게 만드는 역할을 할 때도 있지만, 우리를 발전시킬 때가 훨씬 더 많다.

실제 있었던 이야기다. 여자는 동생들을 돌보기 위해 중학교를 졸업하고 공장에 취업하였다. 여자는 월급으로 동생들 학비를 대다가, 이십 대 중반에야 겨우 야간 고등학교를 졸업하였고, 공장에서 만난 남자와 결혼하였다. 여자는 결혼을 하고도 친정을 적극적으로 돕고 억척스럽게 가게를 운영하면서, 남편 뒷바라지와 두 아이를 키우는 데에도 최선을 다했다.

그러던 중 남편을 사고사로 잃었다. 지금은 남편 사망 보상금 등으로 마련한 두 채의 집으로 월세도 받아가며, 경제적으로 큰 무리는 없는 상태로 오십 대를 맞이하고 있다. 한국의 많은 장녀들이 그렇듯이, 들꽃처럼 강인한 생명력으로 가족을 지켜내며 살아온 인생이다.

그녀에게 남편이 죽던 해 겨울 무렵부터 만나오던 남자가 있었다. 이미 십 년 이상된 사이다. 그 남자는 여자를 처음 만났을 때부터 사업에 실패하여 빈털터리 신세였다. 경제 관념이 없는 사람은 아니지만, 남자에게 원룸을 얻어주고 월세와 핸드폰 값도 내주며 이 남자의 애인으로 줄곧 살아왔다. 그 사이 남자는 사업을 한다고 몇 년간 해외에 나가 있기도 했다. 일 년에 한 번 정도밖에 못 봐도 그 남자와 저녁에 통화를 하면서 심리적 안정을 얻었기 때문에 그녀는 이 남자와 헤어질 생각을 해본 적이 없었다.

그녀의 이 남자에 대한 사랑은 지금까지 변함이 없다. 그가 있었기에 젊은 과부의 삶이 그래도 행복했고 평안했으며, 아이들을 잘 키울 수 있었다. 사업 자금을 대달라고 보채서 몇 차례에 걸쳐 꽤 많은 목돈을 마련해 주었지만, 여자는 남자가 원하면 가급적 필요한 돈을 마련해주곤 했다.

그런데 남자의 핸드폰에서 우연히 발견한 낯선 여자의 문자를 보고, 남자에게 나 말고도 아내 같은 다른 여자가 있다는 것을 알게 되었다. 처음에는 오해라고 변명하던 남자가 결정적인 단서를 들키고는 먼저 헤어지자는 말을 하고 만다. 그녀는 자신이 얻어준 집에서 남자를 내보내면서 결국 남자와의 오랜 관계를 정리한다.

그러나 그날 이후 그녀는 잠을 잘 수가 없었다. 처방받은 수면제를 먹지 않고는 잠을 잘 수가 없었고, 피곤하여 가게를 운영하는 게 너무나 힘이 들었다. 여자가 선택한 것은 결국 남자와 다시 만나는 것이었다. 남자는 이제 뻔뻔하게 양다리를 걸치고 지낸다. 또 다른 애인은 자신에게 시계를 사줬다며, 사랑한다면 자신에게 필요한 차를 사달라고도 한다. 남자는 새로 얻은 집의 월세를 내달라고 요구한다. 사업은 이제 자신이 없고 누나들과 작은 가게를 운영하려고 하니, 가게 운영자금을 대달라고 매일매일 그녀를 졸라댄다.

여자는 남자와 끝내야 한다는 것을 이성적으로는 잘 안다. 그러나 남자가 집에 들어가서 전화해주지 않으면 잠을 잘 수가 없다. 자신이 잠을 자고 살아가려면 마약과도 같은 이 남자를 떠날 수가 없다. 아들이 이 관계를 알면 자신에게 실망할 것 같아서 비밀로 하고 있지만, 딸은 이런 엄마를 이해해주고 있다. 정말로 씩씩하고 야무져보이는 사람이지만 여자는 남자가 주는 심리적 위안과 접촉을 벗어나서 살 엄두조차 내지 못하고 있다.

이 여자를 만나며 나는 전남편과 이 남자의 차이점을 물었다. 전남편은 생활력이 강하고 알뜰히 저축하는 사람이었다. 남편이 갑자기 사망하고도 자식을 잘 키울 수 있었던 것은 남편이 남긴 유산 덕분이었다고 했다. 그러나 전남편은 그녀에게 사랑한다고 말해준 적도 없었고 부부관계가 좋았던 적도 없었다고 했다. 하지만, 남편과는 달리 지금 만나고 있는 남자는 경제력은 없지만, 항상 부드럽고 사랑한다는 말도 자주 하고 성관계도 만족스럽다고 했다.

여자가 남자를 만나는 이유는 분명하다. 정서적, 성적 만족을 주는 남자와의 관계는 여자에게 아주 필요한 것이다. 여자가 말한 대로 남자는 남편을 잃은 힘든 시절 내내 여자를 지켜준 원동력이었다. 그러나 그 원동력의 대가가 너무 비쌌다. 사랑은 한 사람만의 희생으로 이루어질 수는 없다.

남자는 여자를 행복하게 하는 좋은 자원을 가지고 있다. 그래서 이 남자를 만난 여자가 행복해질 수 있었다. 여자가 돈을 쓰면서도 기꺼이 남자와 함께하고 싶어질 만큼, 남자는 좋은 자원을 가지고 있는 것이다. 그렇지만 여자에게 경제적 지원을 받기 위한 수단으로 그것이 악용되어서는 안 된다. 이 여자에 대한 안쓰러움과 사랑으로 경제적 지원을 해주지 않아도 여자를 지켜주고 싶었어야 했다. 이 여자를 지켜주기 위해 남자는 스스로 더 열심히 살았어야 했다. 그러나 남자는 애써 사는 여자에게 경제적으로 의지하면서도 부끄러워하거나 반성하지 않았고, 행동이 변하지 않았다. 그 시간이 십삼 년이라면 비난받기에 충분하다.

또 다른 여자를 동시에 사랑한다는 궤변을 아무렇지도 않게 그녀에게 늘어놓고 있다. 두 여자를 다 사랑한다고 말하기 때문에, 이 남자의 사랑은 진심을 의심받을 수밖에 없다. 여자는 남자의 장점을 끊임없이 되뇌면서 남자를 용서할 명분을 찾고 있는 것 같다. 그러나 남자가 참으로 원망스럽다.

남자의 사랑을 얻기 위해 여자가 감당해야 하는 비용이 너무 크다. 참아내야 할 상처도 너무 깊다. 여자는 남자를 떠나보내야 하지만, 여자는 오히려 남자가 자신을 떠나갈까봐 두려워하고 있다. 남자가 받아달라고 해도 거절해야할 상황인데, 여자는 자신이 버림받을까봐 오히려 걱정이다. 자신의 재산을 결국은 다 탕진할지도 모른다.

지금은 남자와의 연락이 안 되면 잠을 잘 수가 없다는 고통을 호소하고 있지만, 남자가 여자에게 더 얻을 재산이 없어서 영원히 여자를 떠난다면 여자의 상실감은 어떻게 할지. 그때 그녀가 어떤 행동을 할지 나는 걱정이 되었다.

더 고통스러운 영원한 결별이 오기 전에 여자를 위해서 해야 할 일은 남자에 대한 중독을 치료하는 것이다. 사랑은 기본적으로 중독성이 있다. 그래서 벗어나기가 어렵다. 갑자기 끊으면 금단 증상으로 미칠 것 같은 고통을 경험할 수밖에 없다. 그러나 끊지 않으면 내 목숨이 위태로워질지도 모른다. 우리는 중독에서 탈출하기를 선택해야 한다.

그 남자는 그녀의 전 재산을 착취할 수도 있고, 여자의 여성으로서의 자존심을 다 부수어버릴 수도 있다. 그래서 그 남자는 그녀가 반드시 끊어내야 할 대상인 것이다.

내가 해야 할 일은 남자의 상실로 인한 금단 현상을 함께 아파해주고, 남자의 흔적을 여자에게서 자연스럽게 소멸시키는 것일 것이다.

우리는 만나고 헤어지고 아픈 경험을 반복한다. 누구나 그렇다. 첫사랑의 남자와 결혼까지 성공하여 성숙한 사랑을 해나가는 복 많은 사람도 있다. 그러나 그런 사람도 고생스러운 것은 있을 것이다. 우리처럼 보통의 복을 가지고 사는 사람들은 어리석게 잘못 본 남자에게 마음을 주었다가, 후회하고 아프지만 단호하게 정리하는 과정을 거친다. 물론 못난 남자를 괜찮은 남자로 만드는 것도 사랑의 힘이지만, 노력해도 안되는 상대를 떨쳐내는 것도 어리석은 우리들이 해야 할 큰 숙제이다.

힘들지만 어리석은 사랑에 중독되어 있다는 것을 알았다면 애써 끊어내자. 지금이 끊어내기에 가장 좋은 때다. 지금 끝내야 덜 아프고 후회가 제일 적다. 지금 아쉽고 안타깝고 미련이 남겠지만, 당신은 그와 이별해야 한다. 만남이 다 성숙이 아니라는 것을 잊지 말자. 헤어짐이 더 성숙인 관계도 있다.

진정한 용서는 상대가 아닌
바로 나 자신을 위해서 하는 것

✤ 평화

〈평화〉는 마음의 평화를 표현해본 그림이다. 평화를 얻는 과정은 복잡하다. 용서가 평화의 가장 중요한 수단일 수 있다. 평화는 어우러짐이고, 서로의 모습과 색깔을 인정해주어야 비로소 완성되는 것이다. 그러나 평화를 얻는 과정은 많은 상처를 딛고 가는 과정이기에 그림 상단은 목탄으로 내가 덜어냈던 나의 색깔의 흔적을 표현했다. 평화는 나를 버리고서야 완성되는 것이다. 평화는 갈등을 극복했거나 극복하는 과정에서 나타나는 정서라고 할 수 있다. 평화는 결과물이 아니라 만들어가는 과정 그 자체인 것이다. 그래서 그림은 여러 색의 꽃과 나뭇잎들, 가지들이 따로 또 같이 어우러져 평화를 나타내고 있다.

상담의 주제로 용서를 다루고 주요한 키워드로 삼고 있는 기법도 있다. 용서는 상대를 위해서가 아니라, 나를 위해서 하는 것이다. 그리고 용서는 내 사람에게 평화를 줄 것이다. 용서는 우리의 염원이다. 그러나 용서가 쉽지는 않다.

위안부 할머니들의 깊은 주름을 보면서 나는 참 많은 생각을 하게 된다. 그 연세에 아직도 싸울 힘이 있으실까? 그런 개인적으로는 수치스러운 일들을 세상에 공개하는 일이 어떤 느낌이실까? 같은 여자로서 느끼는 아픔에 대한 공감과 그분들에 대한 염려가 많이 된다. 얼마 전 위안부를 다룬 영화 〈귀향〉을 보며 가슴이 먹먹했다.

나이를 먹으면서 우리는 많은 것을 용서할 수 있게 된다. 미워하기에 이제 기억이 가물거리고, 오늘 사는 데 에너지를 쓰다 보면 미워할 에너지가 남지 않기도 한다. 그리고 연륜이 깊어갈수록 이전에는 이해할 수 없던 것들이 이해가 되는 측면도 많아진다. 그런데도 생을 마감하는 순간까지 용서하지 못하는 고통이 있다. 그런 고통 속에 살았을 분들의 아픔을 진지하게 생각해봐야 한다.

위안부 할머니들은 나라 뺏긴 국민이라는 약자였기 때문에 용병들의 위안부라는 명목으로 인간으로서의 존엄성을 말살당했다. 그 일은 가장 아름답고 순수했던 십 대에 일어났고 그 일은 여자에게 가장 중요하게 강요되던 가치인 순결을 짓밟히는 일이었기 때문에, 평생 동안 잊어버리고 용서할 수 있는 일이 아니었을 것이다. 그분들은 전쟁 중 사망하기도 했고, 전쟁이 끝나고도 다시 일상으로 복귀할 수 없었을 것이다.

우리 역사에 환향녀還鄕女를 떠올려보면 그 이유를 쉽게 알 수 있다. 원나라에 끌려갔던 마을 처자가 돌아왔을 때, 우리 선조들은 그녀들을 화냥년이라고 몰아세웠다. 화냥년은 지금도 순결함을 두고 여자들에게 심하게 내뱉는 욕설로 쓰이고 있다. 그러니 위안부였던 여성들이 고향으로 편안히 돌아올 수 없었을 것이다. 징용 끌려갔던 남자들이 살아남은 것을 감사하며 고향의 가족의 품에 안길 때, 위안부들은 새로운 곳에 외롭게 살아 남으려고 또 다른 몸부림을 시작해야 했을 것이다. 그렇게 역사는 그분들의 삶 전체를 훼손시켰고, 그 고통은 생존해 계신 분들에게 오늘도 현재진행형인 것이다.

그러니 이들에게 용서를 권하는 것은 얼마나 어려운 것일까. 거기다 일본 정부는 물질적 보상을 하는 것으로 사건을 결말지으려고 한다. 총리 차원의 공적 사과도 없고 위안부들에 대한 진심어린 사과도 없는 상황이 아닌가. 위안부가 아예 존재하지 않았다고 주장하기도 하지 않았던가. 그녀들이 위안부의 역할에 대해 사전에 충분히 설명을 들었고 돈벌이를 위해 자의로 선택해서 전쟁터에 나왔다는 주장은 과거가 아니라 현재의 그분들에게 비수로 날아갔을 것이다.

당신들의 딸이라면 그런 선택을 하도록 둘 부모가 있겠는가. 그런데도 이러한 고통을 과거에 이미 다 보상한 일이라고 말하다가, 이제 물질로 보상하겠다는 정도로 선회하는 일본의 처사는 우리들의 분노를 살

만한 행동이다.

보고 있는 우리가 이렇게 화가 난다면 당한 그분들이 용서할 수 있을까? 싸움을 시작하는 데에도 엄청 결단이 필요했을 그분들이 이십여 년의 고단한 싸움으로 새로운 상처를 입으며, 세월을 못 견디고 노환으로 사망하는 친구들을 보내면서 어떠한 심정일까? 끝까지 용서하기 어려운 일들도 세상에 존재하는 것 같다.

〈밀양〉이라는 영화도 내게는 강하게 기억에 남는다. 이혼하고 여자 혼자 아들과 낯선 타지에서 무시받지 않고 정착하기 위해 허세를 조금 부린 것을 충분히 이해할 수 있다. 그런데 그 허세가 아이 학원장에게는 범죄의 대상으로 지목하는 엄청난 결과를 낳았고, 아들을 유괴하고 결국은 살해한 범인을 마주봐야 하는 여자의 심정은 어땠을까. 자식을 잃은 부모의 심정은 자식을 잃어보지 않은 사람은 감히 이해한다고 말하기도 어렵지 않을까.

용서를 말하기에는 너무나 어렵다. 그런 주인공이 고통을 극복하기 위해 애쓰는 과정을 보는 것이 마음 아팠다. 그녀가 신앙심으로 극복해 가고, 그녀를 사랑하는 마을의 노총각이 함께 교회를 다녀주는 과정은 우리가 상처를 극복한 건강한 예로 볼 수 있다.

그런데 영화는 뒷부분에 인간의 회복 과정에 대한 실존적인 측면을 보여주고 있다. 용서하고 살아보려고 해도, 나는 자식을 잃고 힘든데 그 살인자의 자식은 멀쩡히 세상을 살아가고 있는 것을 봐야 하는 고통이 또 남는다. 그리고 용서하고자 찾아간 살인자의 얼굴 표정이 너무 평온할 때 또 고통이 남는다. 가해자가 죄를 저지르고 난 후 스스로 고통스럽고 후회스러운 날들을 보내고 있다면 피해자는 용서하기가 훨씬 용이할 것이다. 그러나 전혀 고통 없이 자기만을 보호하려고 하는 가해자를 보는 일은 더 힘이 들 것이다.

영화에서 피해자가 기댄 하느님에게 가해자도 기대서 스스로 평안을 얻은 것을 알고 분노하는 주인공의 모습을 보면서 나는 충분히 공감이 갔다. 그런데 그것이 인간과 신神의 관계다. 공평하신 하느님을 마주해야 하는 피해자의 아이러니가 실존이다.

용서하기에는 이렇게 복잡한 과정이 존재한다. 용서하려면 이렇게 다양한 전제 조건이 필요한 것이다. 용서를 구하고자 한다면 용서할 수 있는 조건을 마련해보는 것도 필요하겠다. 당신이 자녀에게 미안해서 진심으로 용서를 구하고 싶다면, 자녀가 그 마음을 충분히 전달받도록 해야 한다.

어떤 어머니는 자녀에게 여러 번 사과했는데, 자녀가 자주 같은 비난을 하고, 모든 일의 탓을 자신에게만 돌려서 결국은 자녀에게 짜증을 내는 일이 반복된다고 한다. 어머니가 진심으로 미안해하고 있다는 마음을 전달하는 노력이 더 필요한 것이다. 그리고 용서를 하려면 나의 현재 상황이 조금은 편안해져야 할 것이다.

자녀의 상황이 잘 안 풀리고 있으면, 자녀는 그 답답함의 탓을 어머니에게 돌리기가 쉽다. 자녀의 일이 잘 풀리도록 아낌없이 지원해야 한다. 그렇게 되어야 진정 그 아이의 마음이 열리겠구나 하는 인내심을 부모로서 가져야 한다. 내가 충분히 사과하는 것이 다가 아니고, 아이의 상황이 풀려야 내 사과를 진심으로 받아들일 수 있게 된다는 것이다.

용서는 생각보다 힘이 든다. 그래서 나는 '용서하라'는 말을 고통받은 당신에게 쉽게 말하지 못하겠다. 그러나 용서는 상대방의 마음이 편해지라고 하는 것은 아니다. 그렇다고 내가 멋진 사람이 되려고 하는 것도 아니다. 용서는 근본적으로 자신의 평화를 위해서 하는 가장 최선의 선택이다.

그러니 우리 용서하자. 그래야 당신이 편안해진다. 그러나 용서를 너무 성급하게 억지로 하지는 말았으면 한다. 용서하려고 너무 애쓰지는 말자. 용서는 때가 되고 여건이 되어야 가능한 것이다. 용서하지 못하는 나를 받아들이자. 그러지 않으면, 내 분노를 엉뚱한 곳에 표출하는 악순환을 반복할 수밖에 없다.

당신은 억울했었다. 그래서 화가 났었다. 그런데 화를 제대로 내보지도 못했다. 그래서 그 날을 생각하면 화가 난다. 그 날과 유사한 상황이 되면, 또 갑자기 욱하게 된다. 그런 자신의 마음을 잘 이해해야 한다.

내 분노를 다른 곳에 터트리지는 말자. 졸지에 나의 화풀이 대상이 된 그 사람은 영문도 모른 채 당신 때문에 힘이 들 수도 있다. 그래서 아플 수 있다. 당신이 원하는 것은 그것이 아니지 않은가. 용 서 하 자 .

용서가 안 되면, 적어도 용서가 안 되는 나를 잘 다독이도록 하자.

하루는 유쾌하고
하루는 우울하고
이런 게 조울증일까

✚ Gold Nude

〈Gold Nude〉는 화려한 금색의 외양에 흑백의 나무로 채워진 마음을 가진 여성이 표현되어 있다. 우리의 자아는 남들에게 보여주고 싶은 이미지와 지워버릴 수 없는 과거의 잔상으로 구성되어 있다. 융Carl Jung은 그것을 페르소나persona와 쉐도우shadow로 설명하였다. 나는 나무였던 나를 기억한다. 움직일 수 없고 자연에 순종해야 하는 내가 싫지만, 그런 내가 있다. 그것이 나의 그림자인 것이다. 그리고 동시에 화려한 나로 포장하고 싶은 내가 있다. 여러 사람의 눈을 의식하는 내가 있다. 여자들이 좋아하는 백과 구두로 치장한 내가 있다. 목마르다고 말하는 내가 있고, 평화를 염원하는 나도 있다. 이렇게 여러 모습의 나를 병렬하여 표현한 그림이다.

금색의 화려한 모습에 구두와 백을 들고, 다른 사람의 눈을 의식한 화려한 현대 여성인 나는 나의 가면(페르소나persona)이다. 가끔 나를 여대 출신 같다거나, 공부만 하고 다른 것들에는 전혀 관심이 없는 모범생처럼 봤다고 내 첫인상을 말하는 분들이 있다. 아마도 나는 그런 여자로 보여지고 싶은가 보다. 나는 예쁜 여자로 태어나지도 못했고 천재적으로 공부를 잘한 사람도 아니다. 그래서 더 예쁘고 모범생으로 비춰지고 싶은 내가 존재하는 것도 같다.

나는 가난한 경찰관의 여러 자식 중의 하나였다. 그 자식 중에서 가장 사랑받는 존재도 아니었다. 그래서 나의 인정에 관한 갈망이 존재하기도 했던 것 같다. 어린 시절 흑백사진 속의 나는 촌스럽고 평범하다. 다른 사람의 이목을 끌 만한 것은 별로 없어 보인다. 그래서 초라한 나를 가슴에 담고 있으나, 들키지 않도록 음지에 감추어두는 것 같다.

최근 내게 변화가 있다면, 나는 금수저가 아니었든 흙수저까지는 아니어도, 상대적으로 흙수저에 가까운 나의 과거를 그림자로 가두고 혐오스러워하지는 않는다는 점이다. 그리고 나의 과거를 보니, 나는 귀엽고 밝은 아이였다. 사랑을 온통 받은 것은 아니었으나, 우리 집의 막내딸로 당당하게 인정받기는 한 것이다.

감추어두지 않으니 나의 존재를 알 것 같다. 나는 나무를 좋아한다. 나는 과거 그냥 촌스럽고 평범한 아이이기 그 이전에는 나무였을 것 같다. 나무를 바라볼 때, 나는 고향에 온 것처럼 가슴이 평안하고 기분이 좋아진다. 그래서 쉐도우에 나무 사진을 흑백으로 찍어서 오려 붙인 것이다. 나는 내 속을 나무로 채워놓고, 엄청난 고백을 한 기분이다. 나는 이런 사람이다.

나는 나다. 그런데 하나로 표현할 수가 없다. 나는 하나가 아니다. 여럿의 나를 만나고, 여럿의 나를 골고루 사랑해주자. 그러면 나는 극단의 조증과 울증을 덜 경험하게 될 수 있다. 삶이 부담스럽거나 재미없어지는 고통도 덜 느낄 수 있다.

어떤 남자의 이야기다. 그는 유머러스하고 다정다감하다. 그가 사람들과 어울려 농담을 시작하면 주변의 여자들은 너무 즐거워지고, 그래서 그가 차를 마시자고 하면 대부분의 여자들은 그에게 기꺼이 시간을 내주게 된다. 남자는 주변 사람들에게 즐거운 분위기를 선물하는 훌륭한 재능을 가지고 있다. 또한, 남자의 풍부한 독서량과 해박한 지식은 주변 사람들에게 유용한 정보를 쉽게 습득할 수 있는 중요한 루트이기도 하다. 주변 사람들은 이 남자에게 필요할 때마다 의견을 구했고, 그는 언제 어디에서든 꼭 필요한 존재가 되곤 한다.

그러나 문제는 그의 감정 기복이 무척 심하다는 것이다. 이 스마트한 남자가 어느 날 아침은 너무나 차가운 얼굴로 사람들의 인사에 대꾸도 없다는 사실이다. 남자는 혼자만의 세상에 빠져 누구하고도 소통하지 않는다. 어떤 때는 반드시 참석해야 할 회의에도 참석하지 않은 채, 자기 자리에 웅크리고 앉아서 하루 종일 어느 누구와도 이야기를 하지 않는다. 어제의 그 남자와 오늘의 이 남자는 전혀 다른 사람 같아 보인다.

사람들이 처음에는 매우 당황스러워한다. 그에게 무슨 일이 있는지, 자신이 그에게 무언가 실수를 저지른 것이 있는지 알아내려고 전전긍긍한다. 그러나 특별히 누구 한 사람에게만 그러는 게 아니고 이런 날이 꽤 자주 반복되기 때문에, 사람들은 이제 남자의 심각하고 고립된 상황은 자신들의 탓이 아니라고 생각하게 되었다.

기분의 변화는 일정한 규칙도 없다. 일 주일 내내 고기압이 작용해 유쾌하게 지내기도 하고 하루 간격으로 고기압과 저기압이 활성화되기도 한다. 어떤 때는 몇 달을 저기압으로 생활하기도 한다. 사람들은 이제 그와의 농담도 즐겁지 않다. 즐거운 회식을 하고 나서 갑자기 안면을 바꾸는 남자의 행동에 적응하기란 여간 불편하고 곤혹스러운 일이 아니기 때문에 사람들은 그를 피하게 된다.

남자가 심각한 나날들을 보내도 사람들은 이제 그를 걱정하거나, 그의 기분을 풀어주려고 애쓰지 않게 된다. 그 남자에게는 이제 친구가 없다.

그는 전형적인 양극성 기분장애, 즉 조울증 환자는 아니다. 병증인 조울증 환자는 조증의 시기가 한동안 지속되고, 그 시기에는 지나치게 들뜬 감정과 과잉 행동을 한다. 조증의 행동을 줄이려면 약물 처방이 필요하기도 하며, 조증이 사라지면 다시 우울증의 모습을 보이곤 할 것이다. 그러나 위의 남자가 보이는 상태도 조울증의 측면이 강하다. 약물 치료까지 하지는 않고 일상을 살고 있기는 하지만, 이러한 상태의 남자를 친구로 이해해주고 함께 머물러주는 일은 쉽지 않다. 그래서 남자의 급격한 변화를 몇 번 경험하고 나면, 사람들은 그의 옆을 그냥 지나쳐버리게 된다.

그가 사회생활을 잘하기 위해서도 정서적 안정이 필요해 보인다. 문제는 남자 자신은 문제가 있다는 생각을 하지 않는 데 있다. 급작스러운 귀찮음과 무력감을 분명히 느끼기는 하지만, 우울감의 원인에 대하여 심각하게 고민하지는 않는다. 그저 무력해지면, 사람들에게 심드렁하게 대하고 일도 최소한으로만 하면서 그 감정에 빠져 있는 것이다. 그러다 우울한 감정이 별로 느껴지지 않는 날에는 사람들에게 다가가 같이 어울리자고 손을 내밀 뿐이다. 물론 친한 친구가 없는 상황이 외롭다는 느낌은 들지만, 자신이 왜 그러는지 스스로도 잘 모르기 때문에 사람들에게 설명해볼 방법이 없다.

우리는 자신의 감정에 민감해질 필요가 있다. 오늘 어떤 일이 있었고 그때 나는 이 일을 어떻게 받아들였으며, 그래서 내 기분이 어땠는지 그 과정을 말해볼 필요가 있다. 예를 들어, 누군가는 대학원생인데 열심히 발표 준비를 했지만 교수님께서는 전혀 칭찬을 해주지 않으셨다. 그래서 매우 섭섭했지만 교수님은 그 대학원생의 섭섭함에 관심조차 없어 보이신다. 그래서 자신의 존재가 겨우 이 정도인가, 공부도 하고 싶지 않고 세상 살 재미가 없어지는 경험을 한다. 이렇게 인정받지 못할 때 느끼는 그의 무력감은 세상을 사는 동안 그가 자주 경험했던 것이고, 인정받지 못할 때 다르게 생각해보거나 다르게 행동해본 적은 없다. 그래서 인정받지 못할 때의 그의 감정은 항상 섭섭함과 무력감이었다. 이런 자신이 우울에 빠지는 상황과 자신의 행동 특징을 아는 것이 중요하다.

그리고 우울에 빠진 사람이 자신을 우울에서 건져내고 어떻게 다른 감정을 만나게 되는지도 알 필요가 있다. 조금 전 그 대학원생은 인정받지 못할 때 보통 며칠을 무력하게 지낸다. 그런데 누군가 어떤 일을 부탁하고 그 일을 하다가 매우 유능한 자신을 발견하게 된다. 그러면 다시 즐거워지고 부지런히 해야 할 일을 하게 된다. 일이 잘 풀려나가면 살 맛도 나고, 세상이 자신만만해 보인다. 그런 상태에서는 많은 일을 기꺼이 맡아서 열심히 하고 사람들에게 친절하고 적극적인 도움을 주게 된다. 사람들은 그가 인정에 얼마나 예민한지 모른다. 항상 적극적이고 당당한 모습만을 기억한다. 그러나 가끔 조용하게 있을 때 몸의 컨디션이 안 좋거나 집안에 안 좋은 일이 있나 보다, 짐작해볼 뿐이다.

내가 내 마음을 잘 알아야, 내 마음을 어떻게 붙잡고 가야할지 방향감각을 가질 수 있다. 너무 빠르게 감정이 이루어지고 감정이 이끄는 대로 행동하게 되면, 나라는 사람의 특징을 내가 잘 모르게 된다. 감정이 일어나면, 잠시 나의 감정에 머물러봐야 한다.

'아, 지금 나는 민망하고 부끄럽구나. 내 할 일을 반드시 잘 해내야 하는데, 나는 지금 잘한 게 아니라고 하는 나, 잘하고 있지 않는 나를 보고 싶지 않구나. 인정하고 싶지 않구나. 잘 해내지 못했다는 것을 남들이 다

알아버리는 것이 나는 참 싫구나. 나는 사람들도 나와 똑같이 잘 모르고 배워나가는 중이고, 잘못하는 것이 이상한 것이 아니라는 생각을 하지 않고 있구나. 남들은 잘못하더라도, 나만은 잘하는 사람이어야 안심이 되는 사람이구나.' 이런 각성이 필요하다. 내 감정이 무엇인지를 알아야 해결할 방법이 생긴다.

감정이 일어나면, 나는 이 감정을 누구와 어디서 어떻게 나누고 싶은지 느껴보자. 내 맘에 들지 않는 상황에 대해 나를 위로하거나, 내 기분을 상하게 만든 누군가에 대해 함께 험담을 하거나 할 방법이 분명하고 다양할수록 우리는 불편한 감정에서 유연하게 빠져나올 수가 있다. 감정을 풀 방법이 단 하나, '혼자 입 다물고 기분이 나아질 때까지 쉬기'라면, 당신의 해법은 너무 빈약한 것이다. 내가 괜찮아졌을 때, 보상처럼 밝은 모습으로 다른 사람에게 짠 하고 등장해 즐거운 모습만을 보인다면, 당신은 외로움이라는 삶의 고통에 남을 즐겁게 해주기라는 덤을 얹어가는 셈이다.

당신은 개그맨이 아니다. 당신이 힘들 때는 힘들다고 말해도 되는 사람과 충분히 의논하고 위로도 받아라. 당신이 살 만할 때는 내게 소중한 사람의 고통을 함께 아파하며 들어줘라. 마음의 겉과 속을 아낌없이 드러낼줄 아는 용기가 필요하다.

의처증과 의부증
의심이 낳는 무서운 병

✚ 소녀의 푸른 방

〈소녀의 푸른 방〉이란 그림의 푸른색 벽을 바라보고 있는 소녀의 모습이 애잔하다. 푸른색의 방 색깔이 청결해 보이기는 하지만, 차갑고 외로워 보인다. 그리고 고립되어 있어 보이는 소녀의 마음에는 노랗고 붉은 원색의 욕구가 있다. 그 욕구를 표출하지 못하고 있는 소녀의 표정은 다소 불편해 보이기까지 한다. 우리에게는 이러한 불안정한 소녀 시절이 없었던가. 나에게는 있었던 것 같다. 이 외로운 소녀를 자유롭게 해줄 누군가의 손길이 필요하다.

남편의 외도에 여성들은 함께 분노한다. 아내의 헌신적 사랑을 배신한 남편의 행위는 여자들에게 공분거리인 것 같다. 간통죄가 폐지되었지만 남편의 외도 증거를 잡기 위한 행위들은 나날이 진화하고 있다. 최근 뉴스를 보니 흥신소라고 불리던 심부름센터가 남편의 외도 증거를 잡는 역할로 악용되고 있다고 한다. 심지어 동사무소에 파견되어 있는 보충역 청년 장병들을 고용해 자신의 사번으로 동사무소 사이트에 접속하여, 원하는 사람의 개인 비밀 정보를 몰래 전달하면서 부당 이득을 취하다 구속되었다.

외도하는 배우자들의 외도 증거를 수집하고, 외도한 내연남과 내연녀를 직접 징계하는 사람들의 모임이 결성되었다는 뉴스도 접하게 된다. 이러한 내용을 접하면 참 뒷맛이 씁쓸하다. 이렇게 의심하면서 살아야 하나. 나보다 다른 사람을 원하는 부부는 결별하는 편이 나은 것 아닌가. 배우자를 두고 외도를 하는 사람의 윤리도 문제다. 결혼 서약을 깨는 배신은 분명 비난받아 마땅하다.

그러나 사랑도 감정이라 변할 수 있다. 부부로 만났으나 심사숙고하지 못한 결혼으로 배우자를 선택하는 데 판단착오가 있을 수 있다. 속아서 결혼한 경우도 있을 수 있다. 그러면 우리는 곰곰이 생각해봐야 한다. 이 결혼을 파기할 것인가? 아니면 불만족스러운 부분이 있지만 이해하고 적응하면서 살아갈 것인가? 여러 번 질문해보고 그 답을 찾아야 한다. 그리고 파경이 옳은 답이라면, 결혼생활은 끝내야 합리적이다.

그런데 우리들에게 결혼은 친구들의 감정적 연합과 분리처럼 단순하지가 않다. 가문간의 결합이어서, 결혼의 파경이 두 집안 모두의 사회적, 경제적 피해를 의미할 수도 있다. 그 정도는 아니어도, 결혼의 파경이 내 부모님에게 엄청난 불효이고 부모님의 비난을 감당할 수 없는 집안도 있을 수 있다. 이혼을 하게 되면, 내가 소중히 여기는 자녀를 키우거나 볼 수 없게 되므로 자녀와 함께 살기 위해 이혼을 선택할 수 없는 사람도 있다. 그 이유가 분명해야 한다. 그래서 이혼을 하지 않을 거라면 배우자와 잘 살아보려고 노력해야 한다.

그러나 한국에서는 결혼을 하더라도 남자는 조강지처와 자녀들을 돌보는 것이 마땅하지만 새로운 여자와 성적, 정서적 교류를 해도 된다는 의식이 아직 남아 있다. 조선시대 첩 제도가 인정되었던 문화가 아직 남아 있기 때문일까. 많은 남자들은 다른 여자를 좋아하게 되었다고 해서 이혼을 고려하지는 않는 것 같다. 그리고 다른 여자를 좋아하거나 만나는 것에 대해 죄책감을 가지지 않는 경우도 꽤 있는 것 같다. 어떤 남자는 한동안 사귀다가 자연스럽게 다시 본처에게 돌아가는 일을 반복하기도 한다. 어떤 남자는 부인에게 들키면 외도를 멈추고 한동안 자숙하면서 아내와 좋은 관계를 갖고 있다가, 다시 새로운 여자가 나타나 자신에게 관심을 보이면 외도를 되풀이한다.

내 남편은 어떤가. 나는 그 남자에게 어떻게 대처하고 있는가. 남편의 스타일도 다양하겠지만, 여성의 대처 스타일도 다양한 것 같다. 어떤 아내는 남편의 핸드폰을 수시로 점검하고, 의심이 가는 경우 남편을 동반하여 여자에게 헤어질 것을 주장하기도 한다. 제일 심한 경우는 남편의 외도녀를 심부름센터 직원을 시켜 납치, 협박, 폭행을 사주하기도 한다. 그렇게 적나라하게 외도와 관련된 전쟁을 치르고 나면, 부부는 어떤 마음일까. 한번 깨져버린 신뢰와 무섭게 보복하는 공격성을 확인한 두 사람은 과연 예전의 관계를 회복할 수 있을까.

의심하고 확인하고 또 의심이 사실로 확인되고, 미워하고 용서하고 다시 의심하고, 이런 사이클이 반복된다. 이런 전생을 치르고 살면서 우리는 다시 한 번 생각해야 한다. 나는 이 사람을 그래도 사랑하는가. 나는 이 결혼을 유지할 것인가. 우리는 정서적으로 파탄이 났다면 이혼해도 무방하다는 자연스러운 문화권에 살고 있지 않다. 그러니 이혼을 결정하는 것은 훨씬 더 복잡하다. 그러므로 이혼할지 말지를 더 현실적으로 생각해야 한다.

남편이 설사 외도해도 이혼하지 않을 거라면 남편과 쇼윈도 부부처럼 살되, 각자라도 행복해졌으면 좋겠다. 싸우고 미워하면서 남에게만 사이좋은 부부로 보이며 사는 것이 더 불행하다. 각자 남처럼 부부의 사생활을 간섭하지 않고 살기가 덜 불행할 수도 있다.

가장 안타까운 경우는 남편을 의심하고 확인하고를 반복하는 아내가 남편을 사랑하고 있을 때인 것 같다. 남편을 사랑하는데 그 사랑하는 남편이 다른 여자에게 마음이 쉽게 넘어가는 사람이기 때문에 적극적으로 남편의 여자 문제를 관리하고자 하는 아내들이다. 이러한 사랑은 정말로 고달프고 심지어 자신마저 소진시켜가는 것 같다. 나 아닌 여자를 사랑하는 남자를 사랑하는 것은 견디기 어려운 고통이다. 그런데 반복적으로 이런 문제를 일으키는 남편을 감시하고 관리하면서도 남편만을 사랑하는 일이 아내의 자존감을 얼마나 갉아 먹겠는가.

나만 일방적으로 사랑하는 관계는 건강한 관계가 아니다. 영화 〈쌍화점〉에서 바람난 왕비를 버리지 못하는 왕의 모습이 나온다. 왕이 "사랑이란 더 많이 사랑하는 사람이 늘 패자일 수 밖에 없다"라고 말한다. 왕비만을 사랑하는 왕은 왕이라는 막강한 권력을 가지고도 마침내 비참하고 슬픈 일을 겪게 된다.

말처럼 쉽지는 않겠지만, 바람난 남편을 사랑하는 일은 좀 멈추었으면 좋겠다. 그렇다고 영화 〈해피 엔드〉처럼 무섭게 복수하라는 뜻이 아니다. 복수는 광적인 사랑의 표현이다. 내가 아닌 다른 사람을 사랑하는 남편에게 집착하고 화내기보다 스스로를 아끼라는 말을 하고 싶다. 이혼이 더 건강한 표현일 수 있으나 한국에서 이혼이 쉽지 않은 결정이라면, 각자 자신이 원하는 삶을 살기로 합의하는 것도 하나의 삶의 방식이 될 수 있다.

미워하면서 사랑하고 욕하면서 매달리면서, 나는 무너져갈 수 있다. 내가 이 남자를 정말로 사랑하는가 깊이 생각해보자. 이 남자를 사랑하는 게 아니라, 이 남자 없이 새로운 삶을 설계하는 것이 무서워서 이 삶을 지키려고 안간힘을 쓰는 것은 아닐까? 우리는 남자 없이 못사는 것은 아니다. 그런데도 남자를 내 옆에 두려고 너무 많은 애를 쓰고 있다면, 멈추어보라고 말하고 싶다. 여자인 우리를 위해서 하는 말이다.

외도하는 남자를 사랑하는 사람도 안타깝지만, 의부증으로 남편을 곤혹스럽게 하는 경우라면, 더 들여다봐야 한다. 나는 어린 시절 안전했었나? 나는 버림받을 것을 무서워하고 있는가? 어린 시절 부모가 만들어준 환경이 불안전했을 때, 우리는 생존 본능으로 위험을 피하려고 애쓰게 된다. 그래서 내가 선택한 내 배우자가 나를 떠나기 전에 붙잡아두어야 안전하다는 생각을 나도 모르는 사이에 해버릴 수가 있다.

물론 의처증을 가지고 있는 남편도 마찬가지일 것이다. 혼자 남겨져서 위험하고 무서울 것을 염려하는 내 내면의 어린 아이가 남편이 떠날까봐 감시하고 남편의 주변을 정리하게 만들고 있는 것일지도 모른다. 내가 의심하는 것이 정말 현실인가? 누가 봐도 이상하게 남편을 의심한다면, 사람들이 하는 말을 수용하고 자신을 안정적으로 느끼기 위해 더 노력해야 한다. 남편에게 쏠린 과도한 관심을 나를 이해하는 방향으로 돌려야 한다.

더 심한 경우는 자식들까지 의심하는 경우이다. 내가 만났던 이십대 후반 직장 여성은 매일 저녁 팬티를 벗기고 확인하면서, 딸이 남자를 사귈까봐 걱정을 하는 엄마 때문에 고통스러워했다. 엄마 때문에 불편하기도 하면서, 자신도 엄마의 말대로 남자를 짐승 같은 존재로 겁내고 있다는 것을 알게 되자 여성은 자신을 걱정했다. 한번도 연애를 해본 적이 없고 직장과 집만을 왕복하는 자신의 삶을 친구들이 걱정하면서, 탈출구를 찾아내기 위해 상담을 청했다.

그 어머니도 외도하는 남편을 대신해 딸을 키워내느라 힘든 세월을 지내온 분이었다. 그 어머니 역시 친정아버지의 외도로 친정어머니가 힘들어하는 모습을 보면서 성장했다. 어머니에게 남자들은 모두 성性만을 밝히는 짐승들이었고, 딸을 안전하게 보호하려면 딸의 이성관계를 철저히 규제하는 것이 유일한 수단이라고 생각한 것이다.

문제는 이렇게 연애 경험이 없고 남자에 대한 부정적인 선입견이 강한 이 여성이 행복하게 결혼생활을 하려면 스스로 노력해야 한다는 것이다. 엄마의 생각과 다른 나만의 객관적인 남성관을 갖고 자신과 잘 어울리는 남자를 선택해야 한다. 무조건 남자를 피하게 하고, 갑자기 좋은 남자가 나타나 결혼시키려는 어머니의 비현실적인 기대에서 벗어나야 한다.

우리는 상처받지 않기 위해 현명해져야 한다. 그런데 현명해지려다가 오히려 자신을 괴팍한 생각에 빠지도록 하는 오류에 걸리지 않도록 조심하자. 좀 더 객관적으로 생각하고, 가장 지혜로운 행동을 할 수 있을 때까지 시간을 갖는 것이 좋다. 친구와 의논도 하자. 혼자만 앓기보다 친구의 조언을 듣고 현명한 태도를 가져야 한다. 당신은 사랑받을 자격이 있다.

어쩌다 어른이 될 것인가
준비된 어른이 될 것인가

✚ 노배우의 자화상

〈노배우의 자화상〉은 아마추어 배우 생활을 하고 있는 지인이 그려달라고 한 그림이다. 그분의 역할은 걸인이었는데, 세상에 지치고 치인 모습이지만 그렇다고 비굴하고 삶을 겁내고 있는 모습은 아니었다. 걸인 분장의 노배우 인상에서 나는 멋진 노신사의 모습보다 깊은 철학을 떠올렸다. 노배우로 세상의 희로애락을 느끼면서 살아가는 모습은, 성공한 사장님으로서의 노인의 모습보다 세상과 진정으로 교류하고 있다는 점에서는 더 멋져 보인다. 더 살아 있다는 느낌을 갖게 한다. 가난하게 늙는 것을 원하는 사람은 없다. 그러나 세상과 감정으로 소통하는 것은 모두가 원할 것이다. 내가 어떻게 늙어갈 것인가를 생각하게 하는 얼굴 표정이다.

성폭력 가해자 중에 명확한 이유도 없이 성폭행을 저지르는 가해자들을 수감하는 죄수 병동의 이야기를 다룬 〈분노〉라는 영화가 있다. 이 영화는 미국 심리학회에서 교육용으로 제작한 것이다. 주인공인 성폭력 가해자는 아내와 딸과 살고 있는 평범한 가장이었다. 그런데 어느 날 성폭력 가해자로 신고되어 수감되었다. 처음에 주인공은 아내에게 사실이 아니라고 강력히 그 사실을 부인하였다. 본인 스스로도 자신의 범죄 행위를 기억하지 못하는 것처럼 보였다.

그러나 죄수 병동에서 몇 년간의 심리치료를 하는 과정에서 자신이 퇴근길에 보게 된 여자를 집까지 쫓아 들어가 강간했으며 그 이유가 무엇이었는지를 알아가게 된다. 남자에게는 강한 아버지와 무력한 어머니가 있었다. 아버지는 아들을 강하게 키운다는 명분으로 매춘부에게 아들을 데리고 가서, 남자니까 그 매춘부를 다루어보라고 희롱을 한다. 다섯 살 남짓의 아들에게 있을 수 없는 요구를 한 것이었고, 강한 아버지에게 나약한 모습을 희롱당한 수치심은 어린 그에게 강하게 남았을 것이다. 놀라서 집으로 돌아왔을 때, 어머니는 청소를 하고 있었고 아들의 상태를 살펴보지 못한다. 이때의 상처를 치료받지 못한 채 성장한 남자는 여성에 대한 분노를 쌓아온 것이다.

어느 날 죄수 병동을 찾아온 아버지에게 남자가 어린 시절의 수치스러웠던 장면을 떠올려 이야기하며, 과거 힘들었던 시절에 대해 풀어보려고 애쓴다. 그러나 아버지는 화를 내며 그 사실을 부정한다. 어머니는 어쩔 줄 몰라 하며 우물쭈물거리고, 아버지는 그런 어머니를 힐책하여 자리를 급히 떠나버린다. 아들을 바라보는 안타까운 시선을 남기고, 어머니는 무력하게 아버지의 뒤를 따라간다. 남겨진 아들은 죄수들에게 분노를 분출한다.

남자들도 어리고 연약한 아동기를 거친다. 그런 아동기에 당하게 되면, 트라우마는 꽤 큰 상처로 자리 잡는다. 혼란스러운 사춘기에 생긴 상처들도 성장에 큰 걸림돌로 남는 경우가 많다.

남자들은 원래 공격적이고 전투적이라는 생각은 여성의 편견이다. 남자도 어린 아이의 시절이 있었다. 상처가 남아서 다른 사람에게 상처를 남기는 것일 뿐이다.

상담에서 만난 삼십 대 후반 남성이 기억에 남는다. 매우 논리적이고 따뜻해 보이는 인상의 이 남성은 직장 상사와의 문제로 상담을 받으러 방문했다. 상사들의 지시에 따르는 것이 부당하고 초라하게 여겨진다는 그에게 어린 시절 아버지와의 관계에 대해 질문을 했다. 남성의 아버지는 남성다움을 매우 강조하는 분이셨는데, 그는 어린 시절 키우던 개와 관련된 아픈 기억을 회상해냈다.

복날 무렵, 아버지는 동네 어른들과 함께 개를 잡아먹으려 했었다고 한다. 그날은 남성이 예뻐하던 개를 잡던 날이었다. 개는 피부가 이미 그을려져 있었는데, 소년이 밖에서 들어오자 소년에게 꼬리를 흔들며 달려왔었다고 한다. 그 핏빛의 개가 형태도 알아볼 수 없게 처참한 몰골로 자신에게 다가왔을 때의 놀라움과 끔찍함을 이야기하면서, 남성은 숨을 제대로 쉬지도 못했다. 개가 안겨오는데, 안을 수도 없고 피할 수도 없는 상황에서 개의 눈빛을 본 것이 너무 힘들었다고 말하는 그의 눈에는 눈물이 그득 고여 있었다.

그다음 어떻게 되었냐고 물었을 때, 그 남자의 복잡한 눈빛이 선하다. 아버지가 빨리 잡아서 데리고 오라고 호통을 치셨다고 한다. 쩔쩔매는 남성에게 욕을 하고 발길질을 하며, "사내 녀석이 그 조그마한 개새끼 한 마리를 못 잡아오냐"고 화를 내셨다고 한다. 남성이 열 살 무렵이었다. 매를 맞으면서도 개를 구해주려고 안고 도망치려다가, 아버지에게 개를 빼앗기고 아버지의 발목을 잡고 애원했던 장면을 떠올리며 결국에는 통곡을 하였다. 자신이 아버지의 발목을 잡고 땅바닥을 질질 끌려가던 때의 광경을 떠올리며, 남성은 숨을 제대로 쉬지도 못하였다.

지금과 같은 반려견의 문화에서는 있을 수 없는 학대의 광경이다. 그러나 삼십 년 전 시골에서는 흔히 있을 수 있는 일이었고, 자신이 동생처럼 예뻐했던 개를 아버지가 빼앗아가 잔인하게 죽이고 먹어버렸다는 사실, 아버지에게 사내답지 못하다고 맞고 비난받았던 기억은 이 남성에게 큰 트라우마로 남았다.

그는 남자 어른으로 사는 것에 대해 매우 혼란스러워하고 있는 것처럼 보였다. 어쩌면 너무 상처가 커서 어른이 되고 싶지 않은 것처럼 보였다. 순하고 착해 보이는 그는 매우 유능하고 논리적인 사람이기도 했지만, 강한 남성으로 성장하고 싶지 않은 무의식적 갈등을 가지고 있는 것으로 해석할 수 있다.

그 남성은 심리학에서 보면 '피터팬 신드롬'을 가지고 있다. 피터팬은 영원히 어른이 되고 싶지 않은 아이들의 친구이고, 요정 팅커벨의 영원한 친구이기도 하다. 그러나 영원히 아이인 사람은 없다. 아이는 성장하여 남성이 되어야 한다. 그러나 그는 남성이 아니라, 영원히 착한 소년으로 남아 있고 싶어하는 것처럼 보였다.

직장생활을 하면서도, 착하게 일을 돕는 것은 기꺼이 수행하지만, 주도적으로 일을 관리하는 일에는 불편함을 느꼈고, 특히 누군가를 불편하게 만드는 선택을 하게 될 때는 그 상황을 회피하려는 모습을 보였다. 업무 수행에 차질을 보인다며 상사가 다그치게 되면, 평소 순한 이미지와는 다르게 남성은 입을 다물고 해명조차 하지 않고 고집스럽게 버티는 일이 종종 발생했다.

상사들은 이러한 남성의 모습을 이해할 수가 없었다. 상사들은 평소의 이미지 덕분에 남성을 이해해보려고 애썼지만, 이대로 가다가는 그는 이 직장을 무사히 잘 다니지 못할 수도 있는 상황이었다. 상담실을 찾은 남성은 이 문제를 해결해야 했다.

내가 해야 할 일은 어린 시절 그가 얼마나 힘들었는지를 공감해주는 것이었다. 열 살의 아이가 목격하기에는 너무 참담한 기억이었고, 너무 아팠다는 것을 이해해주어야 했다. 그리고 그런 아버지가 무섭고 미워도, 반항도 못하고 아버지의 집에서 보냈던 이후 십 대에 힘들었던 남성을 위로해주어야 했다. 직장생활에서 거친 남성의 모습을 요구받을 때, 재연되는 아버지의 강압을 마주하는 것이 이 남성에게 얼마나 힘에 겨운 것인지를 이해해주어야 했다. 남성은 자신도 이해할 수 없었던 자신의 상처를 상담실에서 다시 만나면서, 자신의 성장과정에서 했어야 할 상처를 치유할 수 있었다.

우리는 누구나 자연스럽게 어른이 되는 것은 아니다. 나이로는 어쩌다 어른이 되겠지만, 우리의 마음은 그냥 어른이 되는 것은 아니다. 누구나 상처를 경험하기는 하지만, 그 상처가 너무 버거울 때는 상처를 소중하게 치료하고 가야 한다. 그 과정이 생략되면 건강한 어른이 되지 못할 수가 있다.

"사내 녀석이 그런 것도 자연스럽게 극복 못하니?"라고 말해서는 안 된다. 무섭고 끔찍한 것을 보면, 우리는 "놀랐지? 괜찮니? 어른인 나도 힘든데, 너는 얼마나 놀랐을까? 힘들면 같이 있어줄게"라고 말해주어야 한다. 그래야 아이는 어른으로 무사히 성장하여 무심한 어른을 '그럴 수도 있지'라고 이해할 수 있게 된다.

우리는 아이에게 무섭다고 말할 자유를 주어야 한다. 그러면 아이는 실수한 어른을 이해하고 용서할 수 있다. 아이를 이해해주는 과정, 실수했으면 미안하다고 사과하는 과정이 먼저 있어야 한다. 그런데 그렇게 해주지 않은 어른이, "너는 이제 어른이니, 그 정도는 이해해야 한다"고

강요할 때가 많다. 그것은 옳지 않다.

우리는 세상을 잘 살아내기 위해 좀 더 따스한 시선으로 거친 세상을 이해하고 용서해야 한다. 그러나 먼저 이해하고 용서를 청하는 어른의 용기가 있었으면 좋겠다. 젊은이는 어른들의 용기를 보고 배우게 되어 있다.

혼자라도 괜찮아
조금 늦어도 괜찮아

✤ 이마고

'이마고imago'는 융Carl Jung이 설명하는 이상적인 이성상이다. 즉, 내가 어린 시절 좋아했던 이성의 이미지가 어른이 되어서도 남아 있는 모습이라는 개념이다. 우리는 각자 자신의 이마고가 있고, 그 이마고를 찾아 이성을 만나게 된다고 볼 수 있다. 이 그림은 여성의 그림이기는 하다. 그래서 여성인 내가 여성을 이마고로 그려낸 것은 모순이다. 나는 여성이지만, 남성적이고 근육질의 여성을 그렸다. 나는 여성이지만, 내 안의 남성은 건강하고 주도적인 모습이다. 나는 그런 남자를 원한다. 나와 나의 이마고를 하나의 몸에 형상화시켰다고 볼 수 있다.

어린 아이였던 우리가 가장 두려워하는 것은 '혼자 남겨지는 것'이다. 간혹 십 대 미혼모가 공중화장실이나 허름한 모텔에서 아이를 낳아서 비닐 봉지에 버려두고 떠났다는 뉴스를 접하게 된다. 혼자 아이를 낳았을 그 십 대 미혼모의 건강도 걱정이 되긴 한다. 그러나 더 걱정이 되는 것은 신생아다. 그렇게 죽은 아이도 있을 것이고, 살아 남았어도 그 아이가 경험한 버려짐에 대해 걱정이 된다. 사회가 그 아이를 대신 잘 키워주어야 한다는 의무감이 생긴다.

인간은 모든 동물 중에 자립이 가장 오래 걸리는 매우 무능한 존재로 세상에 태어난다. 아프리카 등의 열악한 지역에 태어나면 많은 아동이 기아와 질병으로 유아기에 사망한다. 최근 준비가 안 된 부모에게서 방치되고 학대받다 사망하는 아이를 볼 때면, 우리나라도 안전국이 아닌 것 같다는 자괴감이 든다.

그러니 인간의 유기 불안은 매우 자연스럽고 본능적인 감정이라고 하겠다. 우리가 비현실적인 불안을 가지고 있다고 볼 수도 없다. 어린 시절 보호자에게 안전한 보호를 못 받은 아동은 애착이 잘 형성되지 않아서 늘 불안해한다고 한다. 그래서 항상 나를 보호해줄 사람을 찾고 그 사람이 나를 좋아하는지에 대한 관심을 갖게 된다.

게다가 우리나라에서는 '여자 팔자 뒤웅박 팔자'라는 속담을 신뢰하는 어른들이 많다. 여자는 남자를 잘 만나야 인생이 순탄하다고 믿는 어른들은 자신의 딸에게 자기 욕구, 자기 의견, 자아실현이라는 단어를 습득시키지 못할 수 있다. 이런 단어들을 믿지 않을 수도 있다. 그러니 홀로서기라는 말은 어떤 여성들에게는 매우 어색한 단어일 수도 있다. 내 친구들 중에서도 분명히 학교 다닐 때 우등생이었고 성격도 매우 밝고 성실했는데, 이십 대 중반에 결혼을 하고는 사회생활에는 전혀 관심을 보이지 않는 친구들이 더 많다.

인간은 가정에서 태어나서 가정의 품에서 죽는다. 그러니 가정을 지키는 주부로 사는 것이 소중하지 않은 것은 아니다. 나도 주부로서의 나의 역할이 아주 소중하다는 것을 잘 알고 있다. 그렇지만 내 인생이 언제나 가족들과 함께 이루어지거나, 내 모든 의견이 가족과 일치할 수는 없다. 남편과 내 의견이 다를 때, 내가 항상 남편의 의견을 따라가야 하는 것도 아니다. 그런데 우리 여성들은 나를 말하는 데 익숙하지 않을 때가 참 많은 것 같다.

내가 아는 어떤 분은 오십 대 후반까지 비행기를 혼자 타본 적이 한 번도 없다고 했다. 그래서 제주도를 혼자 가는 것에 대해 불편해하는 모습을 보였다. 외국도 아니고 국내 여행인데도, 혼자 탑승 절차를 밟는 것을 매우 큰일처럼 생각하는 모습을 보고 낯설었다. 그분은 대학까지 나온 분인데도 혼자서 움직이는 것이 워낙 제한적이다 보니 그런 것 같았다. 그러니 외국에 혼자 출장을 가거나 유학을 가는 일은 생각도 해보지 않은 여성들도 많을 것 같다.

그러나 우리가 세상을 사는 데는 익숙한 곳에서 낯선 곳을 일부러 찾아가야 새로운 출발이 되는 일이 정말 많다. 익숙한 곳에만 정착했다면 못 볼 넓은 세상이 정말 많다. 새로운 세상에는 위험한 것도 많지만, 내게 보물이 될 많은 것들이 있다. 우리가 세상을 위험한 곳으로만 느끼고 생각하는가, 신나는 모험의 세계로 느끼고 생각하는가의 차이가 많은 것을 결정할 것이다.

내가 상담에서 만난 분은 위로 오빠들과 언니는 모두 서울에서 중학교, 고등학교, 대학교를 나왔지만, 본인만 고향에서 초등학교를 마치고 어머니를 도와 농사일을 거들면서 살았다. 중학교를 다니고 싶었지만, 어머니에게 그 말을 제대로 할 수가 없어서 한 해를 집안일만 하다가, 학교 선생님의 도움으로 동네 중학교를 겨우 다닐 수 있었고, 고등학교도 고향 주변의 야간고등학교를 남들보다 조금 늦게 다니게 되었다고 한다.

그녀가 공부를 제때 못한 이유는 고된 시집살이를 하면서 힘들게 농사일을 하는 어머니를 보호하기 위해서였다. 어머니가 힘들게 일하는 것이 안쓰럽고, 엄마가 일하다가 쓰러지실까봐 걱정이 되어, 항상 어머니를 돌보느라 자신의 욕구나 능력을 살펴볼 여력이 없었다.

아버지가 병이 드셨을 때는 아버지 간호를 하느라 직장을 제대로 구하지 못했고, 아버지가 돌아가시고 나서야 적극적으로 구애하는 남편을 만나 결혼을 하였다. 그녀는 어머니 돌보기와 아버지 병간호를 위해 자신의 십 대와 이십 대 대부분을 보냈다. 그런데 대학까지 한번도 유예하지 않고 졸업한 언니는 동생에게 미안한 마음이 없었다. 오빠들도 마찬가지였다.

그 여성은 순종하고 수용하는 것이 몸에 배어 있어 형제에 대한 서운함을 표현하는 분이 아니었다. 부모님에 대해서는 더군다나 그런 마음조차 없었다. 그녀는 집에서 보내준 학비로 좋은 학벌을 갖춘 오빠들과 언니가 병환 중인 어머니를 직접 간호하려고 하지 않고 요양원으로 보내는 것을 보았을 때 처음으로 화가 났었다고 한다. 그리고 불쌍한 어머니가 집안의 남은 재산을 오빠에게만 남기고 다른 자녀들에게 한 푼도 남기지 않았을 때, 그것을 서운하다고 표현하지 않았지만 몸살로 앓아누웠었다.

그 여성이 동생이 중학교를 갔는지, 어느 고등학교를 갔는지에 대해 관심도 없는 형제들에게 서운해하는 것은 당연하다. 인생 내내 희생한 막내를 챙기지 않은 어머니에게 서운해하는 것도 당연하다. 그런데 서운한 생각이 한번도 안 든 것은 오히려 이상한 것이었다. 왜 그녀는 서운해 마땅한 일에 서운해하지 않은 것일까.

처음에 얘기했던 '혼자 남겨지는 것'에 대한 공포로 다시 돌아가보자. 여성분은 초등학교 때 우등생이었다고 한다. 그러나 나머지 형제들이 워낙 뛰어나다는 소리를 들었었고, 아버지가 계시는 서울의 중학교에 입학을 하면서, 자신은 고향에서 부모님 곁에 남아야 한다는 생각을 자연스럽게 한 것 같다. 사실은 본인도 서울로 올라왔으면 더 많은 학습의 기회가 있었고, 고약한 할아버지와 할머니에게 받는 스트레스를 줄

였을 수 있었을 텐데 말이다. 엄마까지 남편과 아이들이 있는 서울로 다 함께 올라왔으면, 그 가정은 좀 더 소통하는 가족이 될 수도 있었을 텐데 말이다.

어른들이 말씀하시는 것이 가장 옳은 답이라고 생각한 이 착한 여성은 늘 더 나쁜 패를 선택했는데도, 자신이 아까운 선택을 했다는 것을 깨닫지 못했던 것 같다. 그녀에게 더 이야기해주고 싶은 것은 부모가 제공한 공간이 가장 안전한 공간이라는 착각을 벗어나볼 필요도 있었다는 것이다. 물론 그녀의 부모가 일부러 아이를 고통스럽게 하려고 한 것은 아니었을 것이다. 막내는 내 눈 앞에 두고 성장하는 모습을 지켜보고 싶기도 했을 것이다. 그리고 딸이니까 엄마 일 돕다가 시집가도 되겠거니, 생각했을 것이다.

그러나 그 여성은 배우고 싶은 열망이 많은 사람이었고 아주 유능한 사람이었다. 부모가 자녀의 재능과 욕구를 읽어주었다면 참 좋았을 것이다. 그런데 세월은 흘렀고, 그 여성은 결혼하고 아이를 어느 정도 키우고 나서 대학과 대학원까지 졸업했다. 그 열정과 능력을 그녀의 이십 대 적령기에 했다면, 하는 아쉬움이 남는다.

그녀 부모님의 선택도 아쉽고 그녀 자신의 선택도 아쉽다. 지금 남아 있는 현실적인 문제는 과거에 그 여성이 가족에게 희생당했다는 것이 아니고, 대학원까지 마치고도 자신의 능력을 인정받을 곳에 지원하지 못한다는 것이다. 항상 내가 아는 곳이 가장 안전하다는 의식은 지금도 남아 있는 그녀의 사고 패턴인 것이다. 그래서 오래된 자원 봉사 기관에서 늘 조용히 봉사와 공부를 하고 있을 뿐이다.

내가 했던 일은 낯선 세상을 혼자 걸어 나가보라는 격려였다. 세상은 그다지 위험한 곳만은 아니라는 말을 자주 힘주어 해주었다. 십 대 때부터 몸으로 터득했어야 할 것을 오십에 배워야 하는 것은 참 아쉽다. 생각은 그렇게 인간을 지배한다.

우리는 실존적으로 혼자다. 그러나 곁에 있는 사람들의 도움을 받으며, 함께 살아나간다. 우리는 자신을 믿어야 한다. '혼자라도 괜찮아. 나는 이 길을 갈 거야'라고 씩씩하게 걷다보면, 내 길을 함께 갈 친구가 생긴다. **내가 꼭 가고 싶은 길이 있다면 겁내지 말고 일단 출발해보자. 혼자라도 말이다.**

에필로그

당신은 여전히 아름답다

어린 시절 나는 건강하고 지기 싫어하는 아이였다. 몸이 약하고 외아들이었던 오빠는 나를 데리고 동네에 놀이를 나가곤 했고, 지기 직전에 나는 게임 규칙의 부당함에 대해 큰 소리로 자주 따지곤 했다. 지금 생각해보면 내가 너무 세서 아이들이 귀찮기도 했겠다 싶다. 그 당시 주로 오빠와 동갑이었던 놀이 친구들은 내가 따지면, 거의는 내 말을 들어주었던 것 같다. 내가 놀이에서 졌던 기억은 별로 없다. 따졌던 기억만은 선명하다.

아버지가 오빠에게만 선물을 했던 기억도 선명하다. 그래서 또 따졌다. 아버지는 자식들에게 똑같이 대해야 하고, 아이들에게 필요한 물건도 똑같이 주어야 한다고 나는 큰 소리로 따졌다. 학교에서 배웠다고 우겼던 것 같다. 나는 자주 따졌고, 오빠와 같은 것을 손에 쥐고서야 조용해졌다. 그런데 내가 얻은 것은 오빠와 똑같은 남자용 롱스케이트였고 딱지였고 구슬이었다. 지금 생각하면 웃음이 난다. 나는 마론 인형을 좋아했는데 말이다. 내가 받은 선물 중 거의 유일한 여자아이 것은 엄마가 만들어준 노란색 레이스 원피스였다. 그런데 매번 오빠와 똑같은 것을 달라고 요구했던 나는 오빠와 같은 장난감을 갖고 오빠와 같은 스웨터와 청자켓을 입었다. 지금도 사진이 남아 있다. 아. 이런. 내가 무슨 짓을 한 것인가.

따지면 들어주는 부모님이셨으니 분명 관대하고 괜찮은 분들이셨다. 그러나 나는 늘 아쉬웠다. 오빠만 챙기고 오빠만 인정해주는 것 같은 기분을 떨칠 수가 없었다. 그래서 늘 오빠만큼 달라고 했던 것 같다. 내 불평을 인정해주신 부모님과 나를 유난히 예뻐해주신 할머니까지 있었는데 나는 왜 그리도 만족하지 못했을까.

그것이 인간이라고 변명하고 싶다. 그리고 그때는 어리석었다고 말하고 싶다. 내가 자식을 키워보니 확실히 알겠다. 자식을 키우는 일은 너무나 복잡하고 섬세한 일 같다. 그래서 이제 부모님에게 감사하고, 그립다는 말을 전하고 싶다. 그분들이 살아생전에는 못한 말이다. 서른다섯에 두 분을 잃다 보니, 사랑한다는 말도 감사하다는 말도 할 틈이 없었다. 그리고 나는 지금도 자주 부모님이 그립다. 그분들의 허물을 자주 불평했고 흉보았지만, 가장 큰 감정은 그리움이다. 오십을 코앞에 둔 사람도 부모님이 없다는 것은 참 쓸쓸하고 힘 빠지는 일이다.

마지막으로 묻고 싶다. 당신은 어떻게 살아왔는가? 그리고 지금 괜찮은가? 누구나 중년은 낯설고 힘들다. 그러나 그렇게 나쁘기만 한 것은 아니다. 우리가 지금까지 잘 살아온 것처럼, 앞으로도 그렇게 살아가면 될 것이다. 나이가 들어도 때때로 실수를 하고 살겠지만, 그래도 우리는 삶의 경험을 통해 지혜와 너그러움이 생겨났을 것이다. 그러니 자신을 아름답다고 말해주자. 조금 뻔뻔해지자. 그래서 멋지게 중년을 살아내도록 하자.

중년이 묻고 심리학이 답하다

2017년 1월 25일 초판 1쇄 발행
2017년 3월 15일 초판 2쇄 발행

지은이 • 김희수
펴낸이 • 이동은

편집 • 박현주

펴낸곳 • 버튼북스
출판등록 • 2015년 5월 28일(제2015-000040호)

주소 • 서울시 동작구 현충로 151, 109-201
전화 • 02-6052-2144 팩스 • 02-6082-2144

ISBN 979-11-87320-07-4 03180